Bernhard Schumacher

TROMPETENSCHULE
für Kinder Band 1

Die erfrischend neue Unterrichtsmethode für Kinder ab 6 Jahren
auch geeignet für Flügelhorn und Kornett

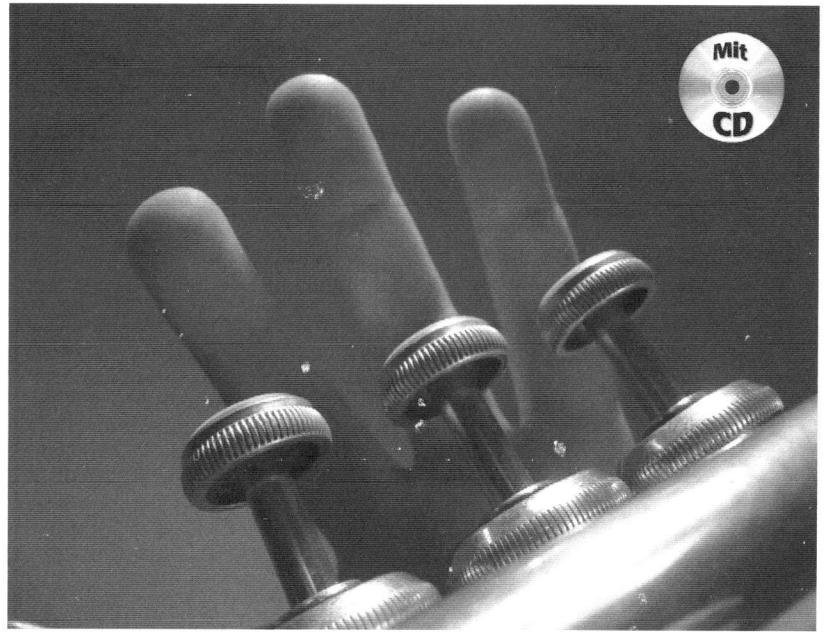

 Alfred Music Publishing
LEARN • TEACH • PLAY

© 2011 by **Alfred** Music Publishing GmbH
info@alfredverlag.de
alfredmusic.de | trompetenkinder.de

Art.-Nr.: 20154G (Buch / CD)
ISBN 10: 3-933136-82-2
ISBN 13: 978-3-933136-82-4

Alle Rechte vorbehalten!
Printed in Germany

Notensatz: Bernhard Schumacher
CD-Einspielung: Bernhard Schumacher
Fotos und Illustrationen: Bernhard Schumacher

Covergestaltung: Thomas Petzold
Produktionsleitung: Thomas Petzold

TROMPETENSCHULE für Kinder Band 1

Bernhard Schumacher

Psychologie- und Philosophiestudium in Frankfurt/M. – erfolgreich abgebrochen.

Ausgedehnte Trampreisen mit Rucksack, Flöte und Gitarre nach Italien, Spanien, Marokko, später auch Algerien, Tunesien, Türkei, Persien, Afghanistan, Pakistan ...

Ausbildung zum Musiklehrer in Jugenheim an der Bergstraße – erfolgreich abgeschlossen.

Familienstand: verheiratet, drei Kinder.

Mit „Bernies Autobahn Band" intensive Tourneetätigkeit in ganz Deutschland, Frankreich, Schweiz, England und Israel. 6 Langspielplatten. Beteiligt an zahlreichen TV- und Radioproduktionen sowie bei weiteren Schallplattenaufnahmen, z.B „Zupfgeigenhansel • Jiddische Lieder".

Schließlich doch noch Lehrer geworden im Rahmen des St. Anna Schulverbunds in und um München.

Schwerpunkte: Instrumentalunterricht für Blechblasinstrumente, Blockflöte und Gitarre. Musikalische Früherziehung, Bläsergruppen, Schulchor und Schulorchester an der Grundschule. Kirchenmusik. Beteiligt an CD-Veröffentlichungen, z.B. „Benedictus, Neue Lieder für das Gottesvolk" und „Tröstet mein Volk".

Weitere Ausgaben von Bernhard Schumacher:

TROMPETENSCHULE FÜR KINDER BAND 2
Band 2 knüpft konsequent an den ersten Band an. Hier wird gerade nicht »kindgerecht mit kindisch verwechselt« (Clarino.print 11/2011).
Anhand vieler, schöner, bekannter und weniger bekannter Lieder und Stücke wird in diesem zweiten Band der Tonraum bis zum hohen g" erweitert.

ISBN: 978-3-943638-16-5

DAS SPIELBUCH FÜR TROMPETE, KORNETT UND FLÜGELHORN
Eine ausgesuchte Sammlung von 111 Liedern, Melodien und Vortragsstücken für jede Gelegenheit und in 4 verschiedenen Schwierigkeitsgraden. Für alle, die auf der Suche nach Liedern und einfachen Melodien oder nach Repertoire für einen Solo-Vortrag sind oder einfach nur mit anderen Trompetern im Duo, Trio oder Quartett zusammenspielen möchten.

ISBN: 978-3-943638-80-6

Diese

TROMPETENSCHULE für Kinder Band 1

gehört _____

und wurde begonnen in _____

am _____

Inhaltsverzeichnis

Inhaltsverzeichnis	3
Vorwort	6
CD-Übersicht	8
Male dein Instrument	10
Ein langer, gerader Ton – ohne Mundstück mit den Lippen „summen"	11
Ein einfacher Sirenenton	11
Die Doppelsirene	12
Die Polizeisirene	12
Mundstück-Kunststücke	13
Die ersten Töne auf der Trompete	14
Griff 0 – der Ton c'	14
Sechs lange Töne	14
Lange Noten, kurze Noten	15
Ich und du	15
Meine Mi, meine Ma	16
Mi-Ma-Mäusedreck	17
Noten lesen – Noten schreiben	18
Bitte nicht entgleisen. Was Trompeten und Lokomotiven verbindet	19
Ventil 2 – der Ton h	20
Mit Ventilen	20
Eier, Eier	21
Legato mit Bogen	21
Sieh mal da, c und h	22
Ton für Ton	22
Ursula, gute Frau	22
Tief in der Erde	22
Meine Trompete klingt wunderschön	23
Achtelnoten fliegen schneller	23
Roller, rolle wie der Wind	24
Tri-tra-trullala	24
Achtelnoten für den Uhu	24
Ventil 1 – der Ton b	25
Schöner neuer Ton	25
Lirum larum Löffelstiel	25
Wenn hinter Fliegen Fliegen fliegen	26
Wenn das Wörtchen „wenn" nicht wär	26
Wenn's beim Blasen blubbert	26
Ist noch Limo da?	27
Heute Abend, wenn der Mond scheint	27
Ventil 1 und 2 zugleich – der Ton a	28
Auf und ab	28
Meine Kuh macht manchmal „Muh!"	29
Aha, aha, das A	29
A, b, c	29
Notenrätsel	30
Der Ton e'	30
A und E, bald gibt's Schnee	30
Die einfache Sirene mit a und e'	31
Die Doppelsirene mit a und e'	31
Die Polizeisirene mit a und e'	31
Notenschreiben macht Spaß	31
Oasensong Nr. 1 mit a und e'	32
Trompetenruf	32

TROMPETENSCHULE *für Kinder* Band 1

Vögel, die nicht singen	33
Lied des Straßenmusikanten	33
Der Ton f'	34
Triller	34
Storch, Storch, Langbein	34
Spatz und Maus	35
Oasensong Nr. 2 mit b und f'	35
Rätsel	36
Eine Stunde, Kunigunde	36
Wer nicht die Noten kennt	36
Notenschreiben	36
Ventil 2 und 3 zugleich – die Töne es' und as	37
Drei Sirenen mit as und es'	37
Oasensong Nr. 3 mit es' und as	38
Traurige Melodie	38
Lustige Melodie	38
Kleine Schaukelei	39
Zwei Ochsen an dem Berge stehn	39
Atemtraining	40
Bindebogen – Haltebogen	41
Atem fließe	41
Nach China	41
Abendlied ohne Worte	41
Die Töne d' und g – Griff 1/3	42
Oasensong Nr. 4 mit d' und g	42
Eine neue Schaukel	42
Spiel, Trompete, spiele	43
Frühlingslied	43
Notensammlung	44
Wagen haben Räder	44
Alter Tanz	44
Laut und leise	44
Backe, backe Kuchen	45
Winter ade	45
Kuckuck, Kuckuck	46
Häschen, Häschen in dem Gras	46
Ja, ja, ja, der Sommer, der ist da	47
Ich mag jede Jahreszeit	47
Rhythmusbaum	48
Ach du Schreck, Pitt ist weg (Kanon)	48
Was kostet eine Achtelnote?	48
Der Ton fis'	49
Oasensong Nr. 5 mit h und fis'	49
Bauer, bind den Pudel an	50
Wenn das Fis nicht höher wär	50
Tanz mit mir im Kreis herum	50
Auf der Wippe	51
Old Mac Donald Had a Farm	52
Wahwah-Mundstücktöne	53
Der Ton g'	53
Oasensong Nr. 6 mit c' und g'	53
Von Klein-Ge nach Ge-Eins mit dem Notenzug	54
Abschiedsmusik am Bahnhof	54
Vom tiefen g bis zum mittleren g'	55
Notensammlung	55

Inhaltsverzeichnis

Hänschen klein ging allein	55
Kommt und lasst uns tanzen, springen (Kanon)	56
Viel Glück und viel Segen (Kanon)	56
Summ, summ, summ	56
I fahr mit der Post	57
Froh zu sein bedarf es wenig (Kanon)	57
Rechnen mit Notenwerten	58
Immer wieder neue Lieder	58
Ventil 1, 2 und 3 zugleich – die Töne cis' und fis	59
Oasensong Nr. 7 mit fis und cis'	59
Drei neue Töne, sechs neue Noten: fis, cis, fis' und ges', des, ges	59
Komm mit nach Afrika	60
Sieben Griffe, vierzehn Töne	60
Sieben Griffe, sieben Quinten	60
Bluebird, Bluebird	61
Die Musikantenwoche (Kanon)	61
Suse, liebe Suse	62
Ennstaler Polka	62
Tanz rüber, tanz nüber	63
Die G-Dur-Tonleiter	64
Die Vogelhochzeit	65
Der Butzemann	65
Spannenlanger Hansel, nudeldicke Dirn	66
Der Kuckuck und der Esel	66
Die Tiroler sind lustig	67
Wenn ich ein Vöglein wär	67
Ohne Zahl, so viel Mal	68
Lobet und preiset, ihr Völker, den Herrn	68
Grifftabelle	69
Aufbau und Bestandteile der Trompete	70
Trompetenformen	71
Pflege und Reinigung der Trompete	72
Säubern und Ölen der Ventile	73
Die wichtigsten musikalischen Zeichen und Begriffe	74
Übungszeitenkonto	78
Danke	79
Urkunde	80

Vorwort

Liebe Kollegin, lieber Kollege,

Die **TROMPETENSCHULE** *für Kinder* wurde zwar speziell für jüngere Anfänger im Alter ab ca. 6 Jahren geschrieben, aber selbstverständlich können auch Jugendliche und Erwachsene mit der **TROMPETENSCHULE** *für Kinder* leicht und sicher Trompete lernen.

Was unterscheidet diese von herkömmlichen Trompetenschulen?

Sie geht von der Erlebnis- und Gedankenwelt der Kinder aus, spricht die kindliche Fantasie an mit altersgemäßen Texten und Illustrationen, ohne dabei je „kindisch" zu werden.

Die Methode ist auf eine ganzheitliche, musikalisch-ästhetische Bildung ausgerichtet. Von Beginn an wird größter Wert gelegt auf einen bewusst geformten Ton, der leicht von den Lippen geht. Jüngere Kinder haben zum Glück meistens nicht den Ehrgeiz, so bald wie möglich hohe, laute Töne zu erzeugen. Das erlaubt eine ruhigere Gangart und somit einen gründlichen Ausbau der Tonqualität in der mittleren und tiefen Lage.

Kinder wollen etwas mit den Händen tun, deshalb werden die Ventile sehr früh in einer durchdachten und erprobten Reihenfolge eingeführt und verwendet (in Band 1 chromatisch abwärts vom c' bis zum kleinen fis und dann in Bindungen zum 2. Oberton hinauf bis zum g'). Dies führt zum chromatischen Spiel von Anfang an. Die gerade bei Bläsern sonst weit verbreitete Angst vor Vorzeichen kommt dadurch gar nicht erst auf. Die Funktionsweise der Ventile und die Reihenfolge der Griffe (in chromatischen Passagen) geht so bald in Fleisch und Blut über.

Ausgesuchte Liedtexte helfen dabei, die verschiedenen Rhythmen intuitiv zu erfassen und zu spielen. Es ist hilfreich, alle Übungen mit Text zuerst einmal rhythmisch akzentuiert zu singen und/oder zu sprechen.

Texte und Titel der kleinen Musiken wecken die Motivation aus sich selbst heraus. An die Stelle von langweiligen Übungen treten Musikstücke, die mit Fantasie und Darstellungswillen gespielt werden wollen und können.

Dies gilt auch für Ansatzübungen wie die „Sirenen". Sie sollen als Training aufgefasst werden, das Freude vermittelt, Lust am Gebrauch und Zusammenspiel der vielfältigen beteiligten Muskelpartien von der schrägen Bauchmuskulatur bis zum Muskelring um die Lippen herum.

Die Aufforderung, immer wieder beim Spielen im Raum herum zu gehen, zielt auf eine lockere, freie Haltung, ohne die der Ton kaum lebendig und ausdrucksstark werden kann.

Alles, was wir auf den Lippen summen und mit dem Mundstück und mit der Trompete blasen, ist Musik, lebendiger Ausdruck einer Persönlichkeit, sich selbst und anderen zur Freude.

Technische Hinweise an den Lehrer:

Zur Darstellung der Halbtonschrittreihen von den jeweiligen Obertönen aus wurde das Bild von Lok und Waggons auf Gleisen gewählt: „Gleis" ist eine Veranschaulichung des Begriffs „Oberton", wobei Gleis 1 der 1. Oberton ist und davon ausgegangen wird, dass der „Grundton" („Pedalton") der Trompete nicht im normal spielbaren Bereich liegt.

Die Unterscheidung zwischen „Ton" und „Note" ist konsequent durchgeführt. Eine Note ist ein aufgeschriebener Ton.

Jeder Lernabschnitt enthält kleine Lösungsaufgaben, welche die Kenntnis der Notennamen und der Notenschrift vertiefen. Man findet die richtigen Lösungen auch im Internet auf der Seite

www.trompetenkinder.de.

Weitere Hinweise sowie Möglichkeit zu Fragen und Anregungen gibt es online auf:

www.schumusik.de.

Vorwort

Liebe Eltern,

Sie möchten, dass Ihr Kind Trompete spielen lernt? Sehr gut! Dabei können Sie Ihrer Tochter, Ihrem Sohn einfach und effektiv helfen: Schauen Sie zusammen mit Ihrem Kind die ersten Seiten dieser Trompetenschule an, lesen Sie gemeinsam die Texte, führen Sie gemeinsam die wenigen kleinen Mal- und Schreibaufgaben aus. Sie werden feststellen: **Trompete spielen ist ganz einfach, wenn man's nur richtig anfängt.**

Die vorliegende **TROMPETENSCHULE** *für Kinder* ist in vielen Jahren in und aus der Praxis entstanden. Als Autor möchte ich die Trompetenschüler ermutigen, viel Energie und Fantasie in das Musizieren zu investieren. Jede Minute, die wir hierzu verwenden, ist nutzbringend angewandte, gewonnene Zeit. Verschaffen Sie Ihrem Kind jeden Tag die Möglichkeit, zwischen 15 und 45 Minuten lang Musik zu machen, und Sie werden staunen, welche Fähigkeiten sich da entfalten. Trompete (oder jedes andere Instrument) zu lernen, ist garantiert eine lohnende Investition fürs ganze Leben.

Liebe Schülerin, lieber Schüler,  1 - 3

meine Freundin Evelyne war früher öfters in Indien und Nepal. Eines Tages hat sie von dort sogar einen Hund mitgebracht, einen sehr netten, kleinen, lebenslustigen Lahsa Apso namens Oleo; und außerdem als persönliches Geschenk für mich ein Schneckenhorn aus einer perlmutterglänzenden Riesenschnecke mit silbernen Verzierungen. Dieses Horn stammte aus einem tibetischen Kloster, wo die Mönche bis heute auf solchen Instrumenten Musik machen. Du kannst es auf der Mitspiel-CD hören.

Einmal im Sommer nun sollte Oleo für einen Tag bei mir bleiben, weil Evelyne in der Stadt zu tun hatte. Ich war gerade dabei, ein neues Lied auszudenken und achtete nicht gut genug auf meinen Gast. Er entdeckte einen Weg nach draußen, und als ich wieder an ihn dachte, war er nicht mehr zu finden. Ich rief und suchte überall, aber er kam nicht. Was tun?

Da fiel mein Blick auf das Schneckenhorn, das ja aus dem selben Land stammte wie der Hund Oleo. Wer weiß, vielleicht erinnerte Oleo sich noch an den Klang! Ich nahm das Instrument und ging damit über die Wiesen hinterm Haus den Hügel hinauf, bis ich den Wald weit drüben jenseits der großen Stoppelfelder sehen konnte. Gerufen hatte ich von hier aus ja schon: „Ooleooh!", aber das hatte gar nichts genützt. Nun blies ich mehrmals kräftig und lang ins Schneckenhorn, und – da sah ich vom Waldrand her einen hellen Fleck auf mich zu kommen: Oleo, der tibetische Hund, hatte das tibetische Schneckenhorn gehört und war ihm gefolgt. Er rannte bis zu mir her, sprang fröhlich an mir hoch und kam schwanzwedelnd mit mir ins Haus, denn ich hatte ihn mit einem Klang seiner Heimat angelockt.

Diese kleine wahre Geschichte zeigt, dass Mitglieder der ehrwürdigen alten Instrumentenfamilie der Hörner, dazu gehören auch die Trompeten, Kornette und Flügelhörner, als Signalinstrumente sehr gut zu gebrauchen sind. Schon in alter Zeit haben die Könige deshalb Bläser in Dienst genommen und ihnen sogar teilweise verboten, einfach so auf dem Marktplatz oder zum Tanz zu spielen. Die Trompeten sollten dem Dienst des Königs und dem Gottesdienst vorbehalten sein.

Uns wird heute niemand mehr das Musizieren mit Blechinstrumenten verbieten, im Gegenteil, wenn wir fleißig üben und bald viele schöne Stücke und Lieder beherrschen, bereiten wir uns selbst und vielen anderen damit Freude.

Dabei möchte diese Trompetenschule Dich unterstützen. Ich wünsche Dir viel Spaß und Erfolg beim Lernen.

Bernhard Schumacher

PS: Wenn Du Fragen zur Trompetenschule hast oder mir etwas dazu mitteilen möchtest, geht das ganz einfach übers Internet: www.schumusik.de. Dort findest Du auch viele weitere Informationen und Noten, Bilder und „Karaoke"-Versionen der schönsten Stücke von der Mitspiel-CD.

TROMPETENSCHULE *für Kinder* Band 1

CD-Übersicht

 **1 - 85**

Track	Titel	Instrumente	Seite
1	Ich üb doch nur Trompete	Geschirr, Mutter, Kind	6
2	Begrüßung	Stimme	6
3	Schneckenhorn	Schneckenhorn	6
4	Ein langer gerader Lippenton	Stimme, Lippen	11
5	Einfacher Sirenenton mit den Lippen	Stimme, Lippen	11
6	Doppelsirene mit den Lippen	Stimme, Lippen	12
7	Polizeisirene mit den Lippen	Stimme, Lippen	12
8	Ein langer gerader Mundstückton	Stimme, Mundstück	12
9	Einfacher Sirenenton mit dem Mundstück	Stimme, Mundstück	12
10	Doppelsirene mit Mundstück	Stimme, Mundstück	12
11	Polizeisirene mit Mundstück	Stimme, Mundstück	12
12	Mundstückkunststück tief-mittel-hoch	Stimme, Mundstück	13
13	Mundstückkunststück Rutschbahn	Stimme, Mundstück	13
14	Mundstückkunststück Rakete	Stimme, Mundstück	13
15	Mundstückkunststück Seilbahn	Stimme, Mundstück	13
16	Mundstückkunststück Schimpfen	Stimme, Mundstück	13
17	Mundstückkunststück Schmeicheln	Stimme, Mundstück	13
18	Der Ton c'	Stimme, Trommel, Trompete	14
19	Sechs lange Töne	Gitarre, Trommel, Trompete	14
20	Lange Noten, kurze Noten	Trommel, Stimme, Trompete	15
21	Ich und du	Kornett, Hopf-Stahlsaitengitarre, Pauke, Becken, Tambourin	15
15	Mi-Ma-Mäusedreck	Kornett, Hopf-Stahlsaitengitarre, Okarina	17
23	Mit Ventilen	2x Trompete, Akustikgitarre, Holz, Bongos	20
24	Legato mit Bogen	1 Trompete	21
25	Sieh mal da, c und h	Trompete, 2x Altflöte, Kontrabass	22
26	Meine Trompete klingt wunderschön	4x Trompete, B-Tuba, Holz	23
27	Achtelnoten für den Uhu	kl. Trommel, A-Flöte, Trompete	24
28	Schöner neuer Ton	kl. Trommel, 2 Akustikgitarren, Trompete	25
29	Heute Abend, wenn der Mond scheint	3x Trompete, 2x Gitarre, Glockenspiel, Becken	27
30	Vom c' zum a	Kleine Trommel, 2x Trompete	28
31	Auf und ab	Trompete, Es-Tuba	28
32	Gleis 2 - der Ton e'	Fußpauke, Snare, Trompete	30
33	A und E, bald gibt's Schnee	Fußpauke, Becken, 2x Trompete	30
34	Einfache Sirene mit a und e'	Lippensummen, Trompete	31
35	Doppelsirene mit a und e'	Lippensummen, Trompete	31
36	Polizeisirene mit a und e'	Lippensummen, Trompete	31
37	Oasensong-1	4x Trompete, Glasglocke	32
38	Lied des Straßenmusikanten	Hopf-Gitarre, C-Sopran-Flöte, Kornett	33
39	Storch, Storch, Langbein	2x Holz, Bongos, 2x Trompete	34
40	Rätsel	Trompete, Akustikgitarre	36
41	Der Ton es'	Stimme, Trompete	37
42	Der Ton as	Stimme, Trompete	37

Alfred Music Publishing
LEARN · TEACH · PLAY

CD-Übersicht

Track	Titel	Instrumente	Seite
43	Die Töne es' und as	Stimme, Trompete	38
44	Traurige Melodie	2x Kornett, Konzertgitarre	38
45	Lustige Melodie	Tuba, Mandoline, Snare, 2x Kornett	38
46	Zwei Ochsen an dem Berge stehn	2x Kornett, Konzertgitarre	39
47	Nach China	Trompete, Trommel, Gong, Harfe, Becken, Sopranino-Flöte	40
48	Abendlied ohne Worte	Röhrenglocken, 2x Harfe, Trompete	41
49	d' und g	Stimme, Alte Uhr, Trompete	42
50	Spiel, Trompete, spiele	Kornett, C-Trompete, kl. Pauke	43
51	Frühlingslied	Trompete, Akustikgitarre, Bass	43
52	Wagen haben Räder	Kornett, Hopf-Stahlsaitengitarre, Nylon-Sologitarre	44
53	Alte Tanzmelodie	Kornett, Posaune, kleine Pauke, F-Sopraninoflöte	44
54	Backe, backe Kuchen	Kornett, Rührschüssel, Tuba	45
55	Winter ade	Kornett, Altflöte, Handpauke, Schellenring	45
56	Häschen in dem Gras	Kornett, 3x Waldhorn, Mandoline	46
57	Ja, ja, ja, der Sommer der ist da	Kornett, Posaune, 4x Trompete, Tuba, Metallophon	47
58	Ich mag jede Jahreszeit	Kornett, Posaune, B-Tuba, Trommel, Holzblock	47
59	Ach du Schreck, Pitt ist weg	Snare, Becken, 2x Trompete	48
60	Der Ton fis'	Snare, Trompete	49
61	Wenn das Fis nicht höher wär	3x Trompete, Trommel	50
62	Old Mac Donald	Kornett, Tuba, Konzertgitarre, Klatschen, Hühner, Hahn	52
63	Vom c' zum g'	Trompete., Stimme, Trommel	53
64	Hänschen klein	2x 5-saitige Gitarre (open tune), Kontrabass, Trompete	55
65	Kommt und lasst uns tanzen, springen	4x Trompete, Gitarre	56
66	Viel Glück und viel Segen	5x Trompete, Konzertgitarre	56
67	I fahr mit der Post	2x Trompete, Akustikgitarre, Zmbelschlag	57
68	Froh zu sein bedarf es wenig	4x Konzerttrompete	57
69	Immer wieder neue Lieder	E-Gitarre, Trompete, Trompete mit Dämpfer, Tuba	58
70	Der Ton cis'	Snare, Trompete, Stimme	59
71	Der Ton fis'	Snare, Trompete, Stimme	59
72	Komm mit nach Afrika	3x Kornett, 2x Tom Tom, Becken, Holzblock, Bongos	60
73	Bluebird	Kornett, Konzertgitarre, Altflöte, Sopraninoflöte, Schellenring	61
74	Die Musikantenwoche	4x Trompete, Tuba	61
75	Suse, liebe Suse	2x Trompete, 2x Gitarre, Tuba	62
76	Ennstaler Polka	2x Kornett, Gitarre, Posaune	62
77	Tanz rüber, tanz nüber	2x Kornett, Posaune, Schellenring	63
78	Die Vogelhochzeit	Kornett, Altflöte, Nylongitarre	65
79	Der Butzemann	B-Trompete, C-Trompete, Nylongitarre	65
80	Spannenlanger Hansel	2x Trompete, 2x Trommel, Becken	66
81	Der Kuckuck und der Esel	Kornett, Altflöte, Posaune, Nylon-Gitarre	66
82	Die Tiroler sind lustig	4x Trompete, Tuba	67
83	Wenn ich ein Vöglein wär	2x Trompete, Konzertgitarre	67
84	Ohne Zahl, so viel Mal	2x Kornett, Metallophon, Triangel	68
85	Lobet und preiset	4x Kornett, Tuba	68

TROMPETENSCHULE *für Kinder* Band 1

Male dein Instrument

Lege bitte dein Instrument einmal vor dich auf den Tisch und fahre mit dem Finger das ganze Rohr entlang: Vom Mundstück über das Mundrohr und die Ventile bis zum Endrohr und zum Schallbecher. Und dann male dein Kornett, deine Trompete oder dein Flügelhorn gleich hier unten auf den freien Platz.

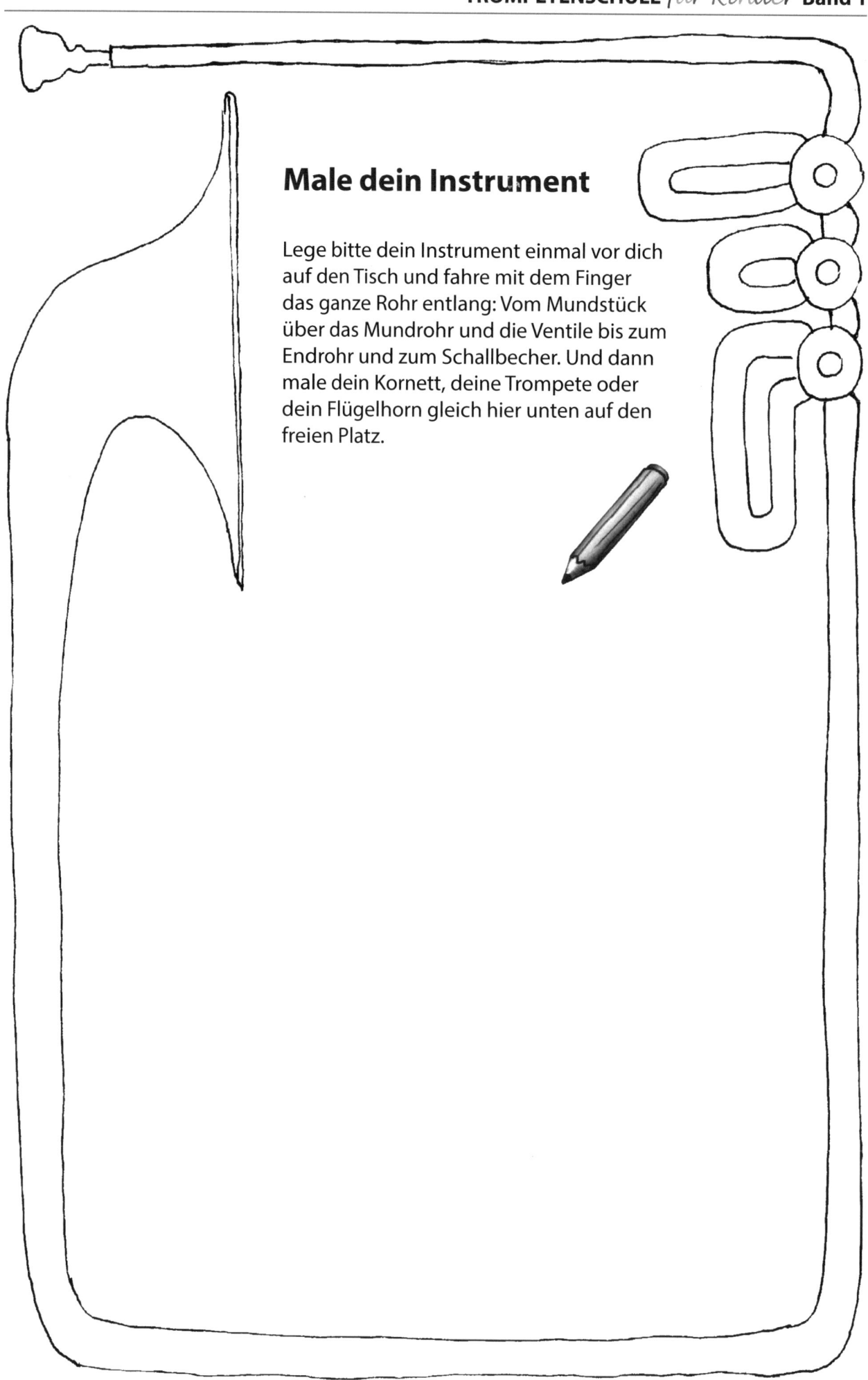

Der Anfang

So fängt es an - Summende Lippen

Wie du sicher schon längst weißt, wird der Trompetenton mit den Lippen erzeugt, besser gesagt mit den Lippen und der Luft, die zwischen ihnen hindurch strömt. Forme bitte deinen Mund einmal so, als wenn du „Mmm" sagen wolltest und blase aus deinem Bauch einen kräftigen Luftstrahl hindurch. Die Lippen fangen an zu vibrieren, ein summendes Geräusch entsteht.

Dieses Geräusch der summenden Lippen wird im Mundstück gebündelt und dann im ganzen Instrument verstärkt und geformt. So entsteht der schöne, prächtige Klang der Trompete. Zum Training der Lippen beginnen wir mit den lustigen Sirenen:

Ein langer, gerader Ton – ohne Mundstück mit den Lippen „summen"   4

Zeichne eine lange, gerade Linie wie eine Eisenbahnschiene. Summe an der Schiene entlang so weit du kannst geradeaus.

Ein einfacher Sirenenton – ohne Mundstück mit den Lippen „summen"   5

Zeichne eine sanft ansteigende und wieder abfallende Linie wie einen Hügel. Summe einen sanft ansteigenden und wieder absinkenden Ton.

Wiederhole diese und die folgenden kleinen Trainingseinheiten mehrmals täglich. Versuche von Anfang an, möglichst klare, glatte Töne zu erzeugen. Übung macht den Meister.

TROMPETENSCHULE *für Kinder* **Band 1**

Die Doppelsirene – ohne Mundstück mit den Lippen „summen"  6

Zeichne eine lange Linie mit zwei sanften Bögen wie Dünen, über die der Wüstenwind bläst. Summe einen zwei mal ansteigenden und wieder absinkenden Sirenenton.

Die Polizeisirene – ohne Mundstück mit den Lippen „summen" 7

Zeichne eine lange Linie mit vielen Wellen wie in einem strömenden Bach. Summe einen mehrmals schnell hintereinander ansteigenden und wieder absinkenden Sirenenton.

Blase alle Sirenen-Übungen anschließend auch

mit dem Mundstück.  **8 – 11**

Achte darauf, dass du es nicht zu fest gegen die Lippen presst. Halte deswegen das Mundstück nur leicht mit zwei oder drei Fingern unten am Schaft.

Stelle fest, von wo aus du die Sirene steuerst: vom Bauch, von den Lippen, vom Arm? Die Hauptarbeit müssen deine Bauchmuskeln leisten. Der Arm soll gar nichts besonderes tun; er hält das Munstück oder das Instrument.

Die Lippen behandeln wir so zart und vorsichtig wie möglich. Sie sind empfindlich. Streiche zum Testen mit einem Finger leicht über deine Ober- und deine Unterlippe..

Der Anfang

Mundstück-Kunststücke

Fahre mit der Mundstückton-Lokomotive auf tiefen, mittleren und hohen Gleisen, fahre U-Bahn, Straßenbahn und Schwebebahn!

Es kommt hier nicht darauf an, dass du bestimmte Töne triffst. Wichtig ist nur, dass sie tief, mittelhoch und höher klingen.

Spare nicht mit Luft, atme immer gut und tief ein, blase alle Töne mit einem freien und kräftigen Luftstrahl durch das Mundstück in die Welt hinaus.

Lange, gerade Mundstücktöne
tief – mittel – hoch!

CD 12

CD 13  Rutschbahn (3 x)

CD 14 Rakete (3 x)

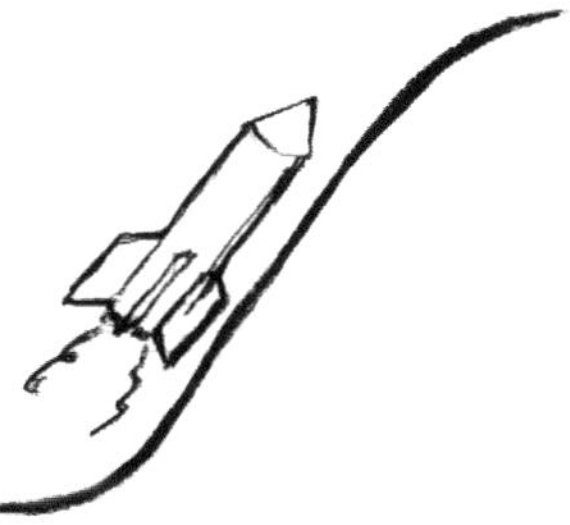

CD 15 Seilbahn – auf und ab!

CD 16 Schimpfen

CD 17 Schmeicheln

Erfinde deine eigenen Mundstück-Kunststücke. Versuche, alle möglichen Melodien auf dem Mundstück zu spielen. Kinderlieder, Weihnachtslieder, Schlager, alles, was dir gerade einfällt.

TROMPETENSCHULE *für Kinder* Band 1

Die ersten Töne auf der Trompete

Sophie hält die Trompete richtig:

Die linke Hand hält das Instrument, so dass die rechte Hand für die Ventile frei ist. Arme und Schultern bleiben locker, die Füße stehen etwas auseinander, der Körper ist aufgerichtet.

Griff 0 – der Ton c'  18

Der erste Ton, den wir auf der Trompete spielen wollen, heißt c' (c eins). Dafür drücken wir kein Ventil, der Ton hat den Griff 0.

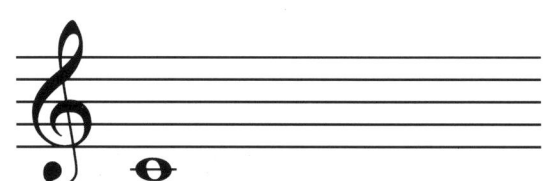

Hier siehst du das c' als Ganze Note: Ein hohler Notenbauch ohne Hals. Eine Ganze Note hat vier Schläge, man könnte auch sagen, vier Schritte. Das heißt, sie dauert so lang wie vier gleichmäßige Schritte.

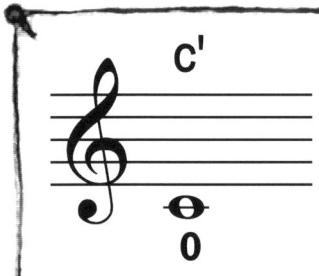

Die Note **c'** („c eins") steht im Notensystem auf der ersten unteren Hilfslinie.

Sie hat den Griff 0 und wird locker tief (auf Gleis 1) angeblasen.

1, 2, 3, 4 — Spiele jetzt bitte mehrmals hintereinander den Ton c', zähle dabei innerlich jedes Mal bis vier.

Kannst du beim Trompetespielen auch **gehen**? Probiere es aus. Spiele im Gehen und zähle dabei für jeden Ton vier Schritte.

Sechs lange Töne  19

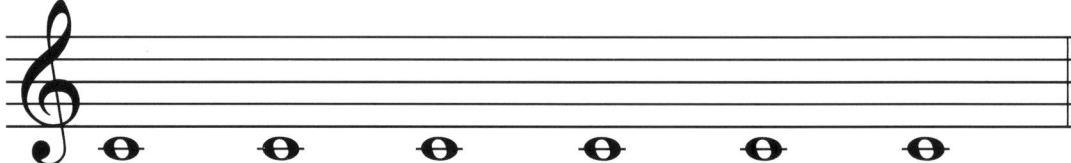

Die ersten Töne

Lange Noten, kurze Noten

Um kürzere und längere Töne darzustellen, gibt es die verschiedenen Notenwerte. Wie einen Apfel kann man sie teilen. Guten Appetit:

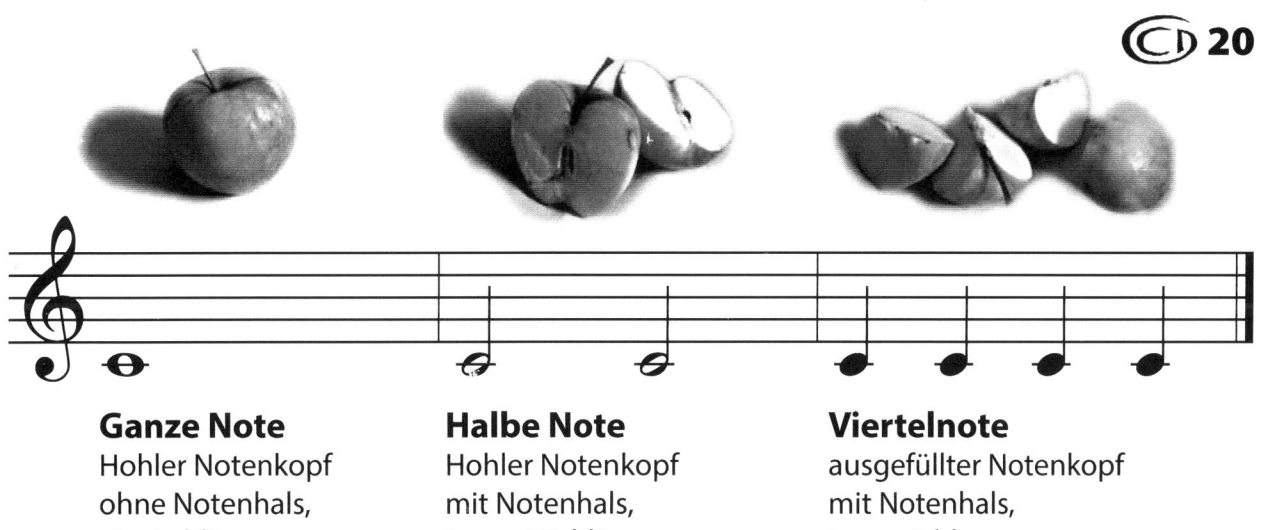

CD 20

Ganze Note
Hohler Notenkopf
ohne Notenhals,
vier Schläge
oder vier Schritte

Halbe Note
Hohler Notenkopf
mit Notenhals,
je zwei Schläge
oder zwei Schritte

Viertelnote
ausgefüllter Notenkopf
mit Notenhals,
je ein Schlag
oder ein Schritt

Ich und du CD 21

Ich und du, Mül - lers Kuh,

Mül - lers E - sel, der bist du.

Meine Mi, meine Ma

Bernhard Schumacher

Mei - ne Mi,   mei - ne Ma,   mei - ne Mut - ter schickt mich her:

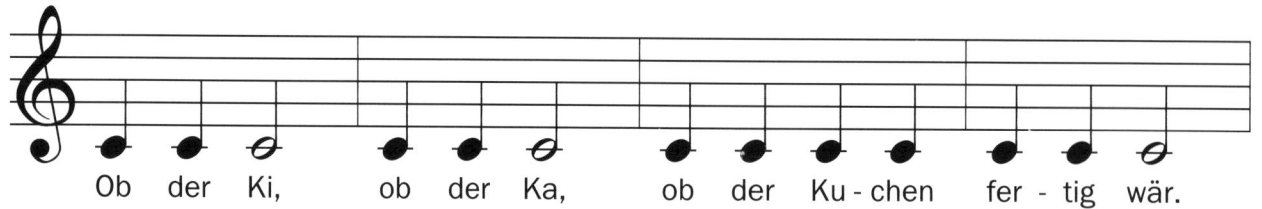
Ob der Ki,   ob der Ka,   ob der Ku - chen fer - tig wär.

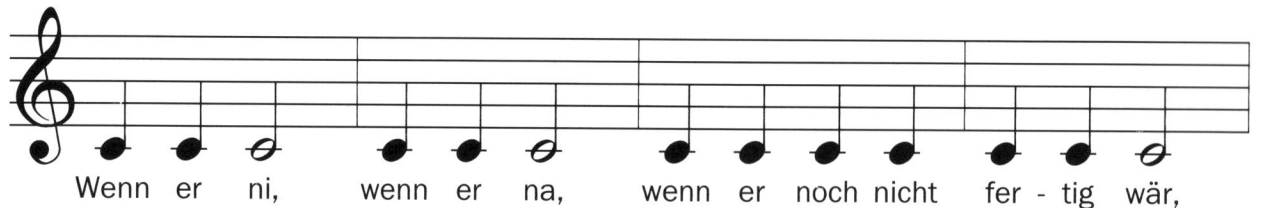
Wenn er ni,   wenn er na,   wenn er noch nicht fer - tig wär,

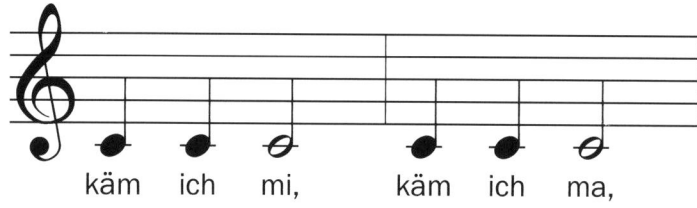
käm ich mi,   käm ich ma,

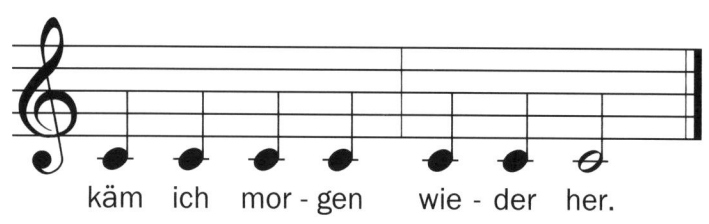
käm ich mor - gen wie - der her.

Der Ton c'

Mi–Ma–Mäusedreck

Bernhard Schumacher

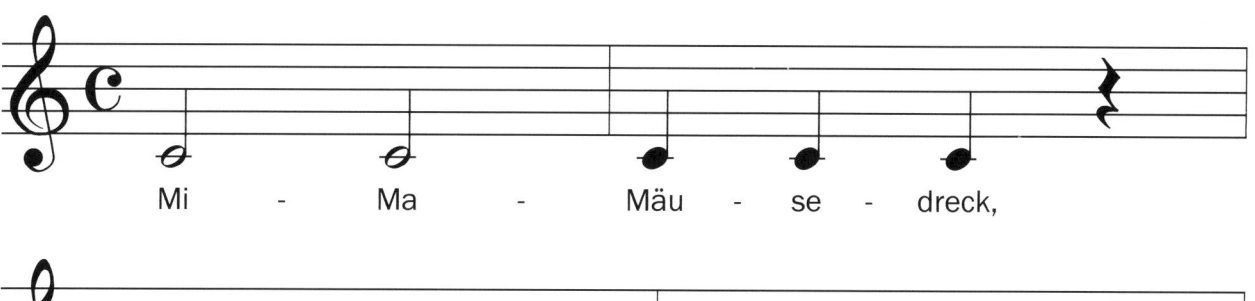

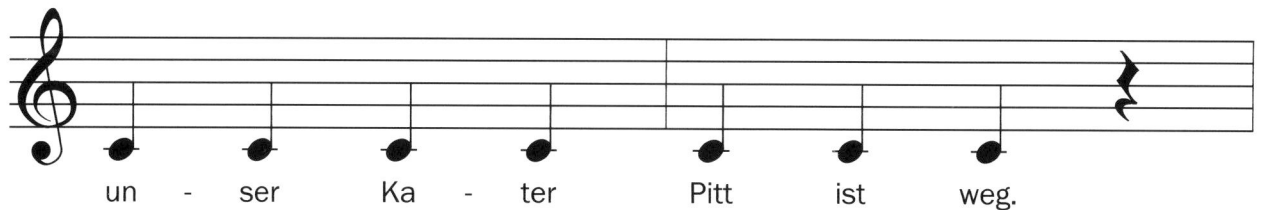

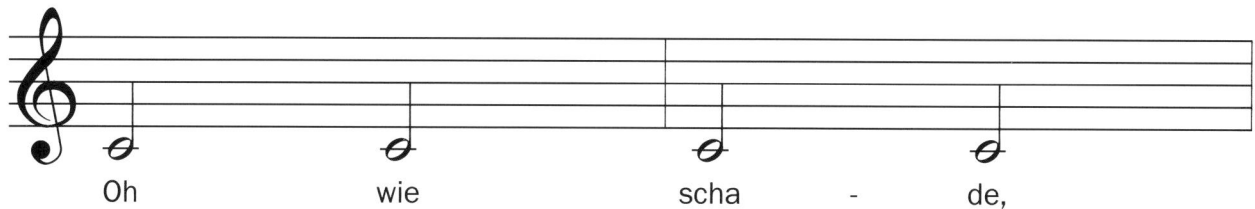

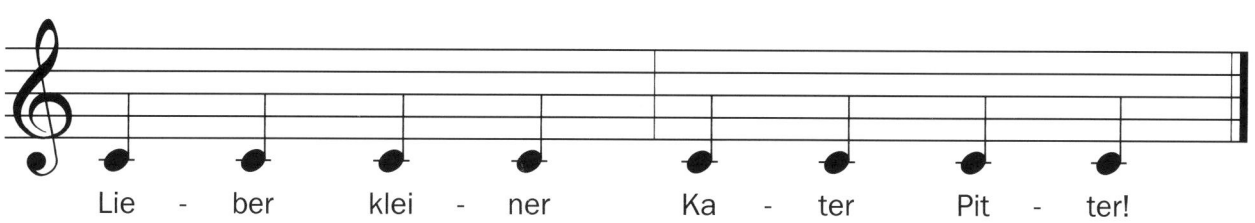

= Viertelpause, hier kannst du einmal mit dem Fuß aufstampfen anstatt einen Ton zu spielen.

Weitere lustige Spielstücke, die du jetzt schon spielen kannst, findest du in meiner Veröffentlichung **DAS SPIELBUCH für Trompete, Flügelhorn und Kornett** *(ISBN 978-3-943638-80-6) auf Seite 10.*

Noten lesen - Noten schreiben

Linien und Zwischenräume

Du hast nun schon die ersten Lieder auf der Trompete gespielt, und dabei in die Trompetenschule geschaut, denn dort ist die Musik, die du gespielt hast, aufgeschrieben.

Du hast also schon Musik gelesen. Und du weißt auch längst, dass die „Buchstaben", mit denen Musik geschrieben wird, Noten heißen.

Musik wird heute in der ganzen Welt auf fünf Notenlinien und in die vier Zwischenräume zwischen den Notenlinien geschrieben. Für höhere und tiefere Noten gibt die Hilfslinien. Um immer besser Noten lesen zu lernen, wollen wir auch üben, sie zu schreiben. Es macht Spaß, probiere es aus!

Zeichne fünf Notenlinien, schreibe deine ersten Noten

Zeichne Hilfslinien, schreibe die Note c'

Unser erster Trompetenton, das tiefe c', benötigt eine zusätzliche kurze Hilfslinie unterhalb der normalen fünf Notenlinien. Zeichne bitte weitere Hilfslinien ein und male dann auf jede von ihnen eine Note c'.

Achte darauf, dass die Hilfslinie den Notenkopf in zwei gleiche Hälften teilt.

Weitere nützliche Informationen zum Aufschreiben und Lesen von Musik findest du zusammengefasst im Anhang auf den letzten Seiten dieser Trompetenschule und auf der Webseite *www.schumusik.de*.

Die Gleise

Bitte nicht entgleisen!
Was Trompeten mit Lokomotiven verbindet

Ist dir schon aufgefallen, dass beim Blasen auf der Trompete bestimmte Tonhöhen gut ansprechen und andere Lippenschwingungen im Instrument nur ein ziemlich rauhes, unschönes Geräusch erzeugen? Es ist wie bei einer Lokomotive, die nicht auf, sondern neben den Schienen fahren möchte. Das kann nicht gut gehen.

Wir müssen lernen, unsere Töne genau auf ihr Gleis zu setzen und nicht daneben. Die Trompete hat zwar verschiedene Gleise für ihre verschiedenen Obertöne, aber wir fahren vorerst nur auf Gleis 1.

Passe die Schwingung deiner Lippen immer so schnell wie möglich dem Gleis der Trompete an. Halte unsaubere Töne nicht aus, sondern brich den Ton ab und setze neu an. Wenn du jeden Tag spielst, wird es dir bald wie von selbst gelingen.

Das c' fährt auf Gleis 1, nehmen wir einmal an, es sei der Lokführer. Aber es gibt auf Gleis 1 noch sechs weitere Trompetentöne, die alle tiefer klingen als das c'. Die wollen wir wie in sechs Waggons nach und nach hinten an die Lokomotive dran hängen.

Die Lok und die Waggons bedeuten hier die sieben verschiedenen sinnvollen Griffkombinationen, die wir mit unseren drei Ventilen greifen können. Am Ende von Band 1 dieser Trompetenschule wirst du sie alle gut kennen. Mit Griff 0 für das tiefe c' haben wir begonnen, nun kommt Griff 2 an die Reihe. Vorsicht an der Bahnsteigkante, der Zug fährt ab!

Ventil 2 – der Ton h

Vom c' zum h

Spiele den Ton c' (Griff 0) und drücke dann mit dem Mittelfinger der rechten Hand das mittlere Ventil (Griff 2). So kommst du zu einem neuen Ton. Er heißt (kleines) h.

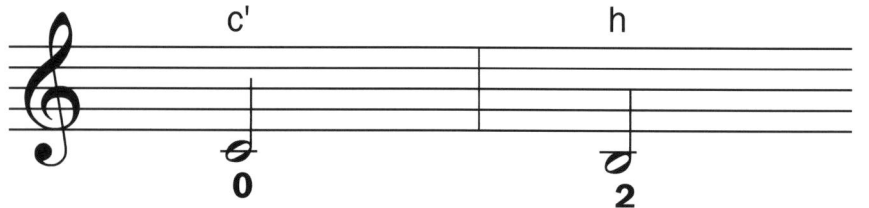

Der Weg des Atemstroms in deiner Trompete wurde um das Rohstück des zweiten Ventils verlängert, der damit erzeugte neue Ton h klingt im Vergleich zum c' (Griff 0) ein wenig tiefer.

Ventil 2 bietet die kleinste mögliche Verlängerung, es erniedrigt um einen Halbton. Wir sagen, zwischen c' und h liegt ein Halbtonschritt. Achte beim Spielen der nächsten Lieder immer genau auf den Unterschied zwischen c' und h.

Mit Ventilen   CD 23

Bernhard Schumacher

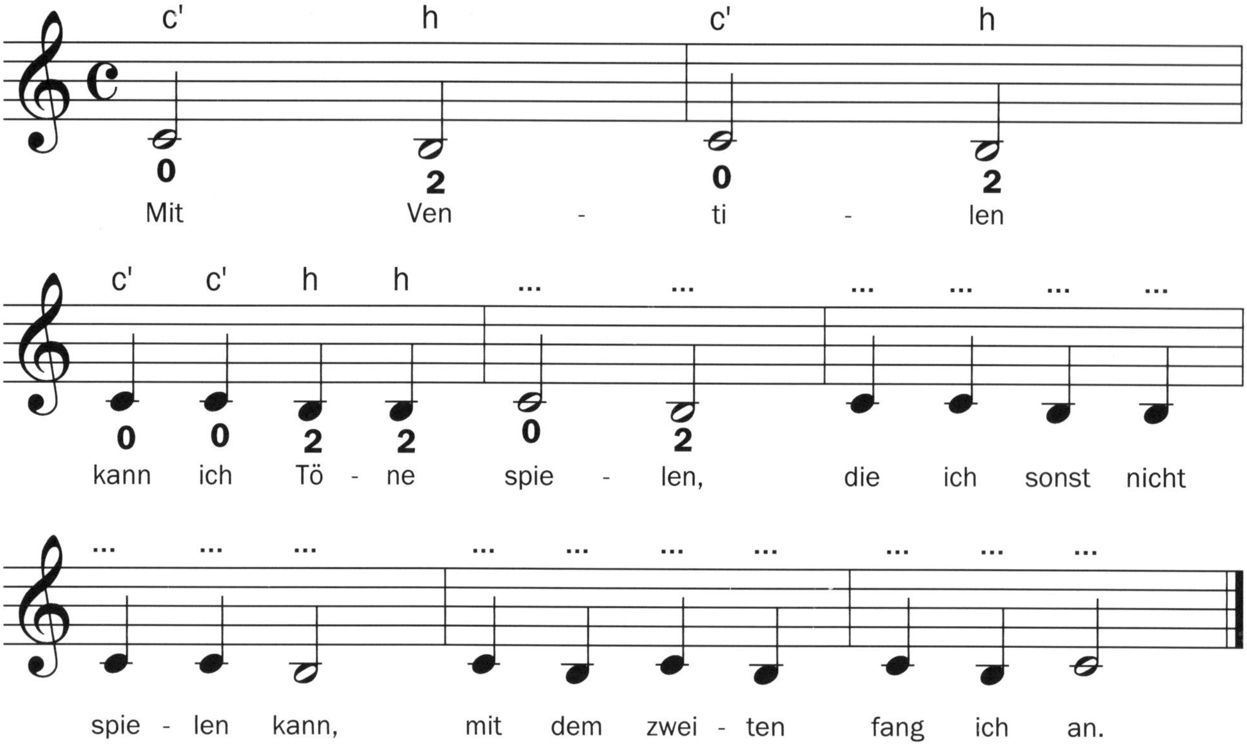

Mit Ven - ti - len kann ich Tö - ne spie - len, die ich sonst nicht spie - len kann, mit dem zwei - ten fang ich an.

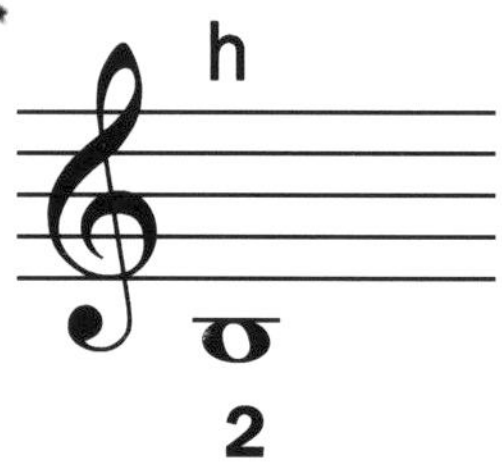

Die Note h („kleines h") steht im Notensystem unter der ersten unteren Hilfslinie.
Der rechte Mittelfinger drückt Ventil 2, angeblasen wird das h auf Gleis 1.

Der Ton h

Eier, Eier
Bernhard Schumacher

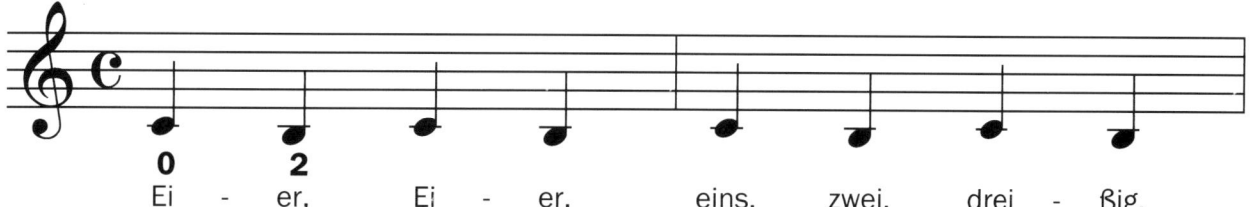
Ei - er, Ei - er, eins, zwei, drei - ßig,

mei - ne Hüh - ner le - gen flei - ßig.

Je - des legt ein schö - nes Ei;

Di - del - da - del - du - del - dei!

Probiere aus, wie es klingt, wenn Du die Töne nicht einzeln anstößt, sondern mehrere auf einen Atem spielst.

Das nennt man *Legato*, gebunden, das Zeichen dafür ist der Bindebogen:

Wie viele gebundene Töne kannst Du auf einen Atem spielen?

Legato mit Bogen

Achtelnoten

Meine Trompete klingt wunderschön    **26**   Bernhard Schumacher

In diesem Lied kommen Achtelnoten vor. Spiele sie doppelt so schnell wie die Viertelnoten.

Achtelnoten haben einen ausgefüllten Notenkopf und einen Hals mit einem **Fähnchen**. Wenn zwei oder mehr Achtelnoten hintereinander kommen, können sie anstelle der Fähnchen auch mit einem **Balken** verbunden werden.

Achtelnoten fliegen schneller   Bernhard Schumacher

Acht Achtelnoten haben zusammen den Wert einer Ganzen Note, genauso wie acht Achteläpfel zusammen den Wert eines ganzen Apfels haben. Zähle die Noten und die Apfelschnitze nach.

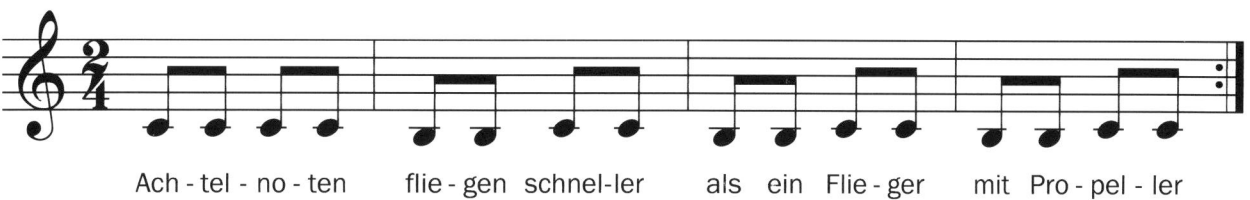

Trage unten die fehlenden Achtelnoten ein. Zeichne immer zuerst die Hilfslinie, dann den Notenkopf, anschließend den Notenhals und zum Schluss das Fähnchen oder den Balken.

Wie viele Achtelnoten hast du bei der Halben Note eingetragen? _____

Wie viele Achtelnoten hast du bei der Viertelnote eingetragen? _____

TROMPETENSCHULE *für Kinder* Band 1

Roller, rolle wie der Wind
Bernhard Schumacher

Rol - ler, rol - le wie der Wind, brauchst ja kein Ben - zin

rol - le, rol - le nur ge - schwind, bis Ber - lin.

Tri-tra-trullala
Bernhard Schumacher

Tri - tra - trul - la - la, tra - tri - tral - li - lu.

Tru - tri - tra - trul - la, tri - tra - trul - la - la.

Trul - la - tril - la, tril - la - trul - la, tril - la - tral - la, trul - la - la!

Achtelnoten für den Uhu CD 27
Bernhard Schumacher

U - a - u - a U - hu, mach die Au - gen zu.

U - a - u - a - uh.

Der Ton b

Ventil 1 – der Ton b

Vom c' zum b

Spiele den Ton c' (Griff 0) und drücke dann mit dem Zeigefinger der rechten Hand das erste Ventil (Griff 1). So kommst du zum Ton b. Er klingt einen Ganzton tiefer als c'.

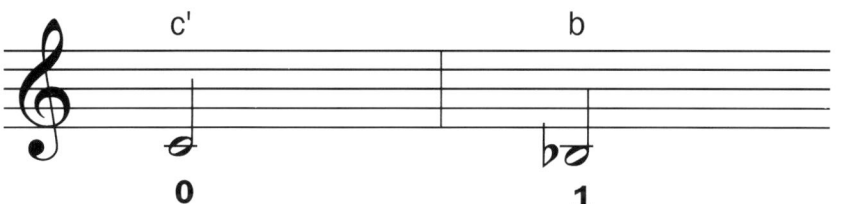

Die Note **b** („kleines b") steht im Notensystem unter der ersten unteren Hilfslinie. Sie unterscheidet sich vom h durch das Vorzeichen ♭.

Der rechte Zeigefinger drückt Ventil 1, angeblasen wird das b auf Gleis 1.

Schöner neuer Ton   CD 28

Bernhard Schumacher

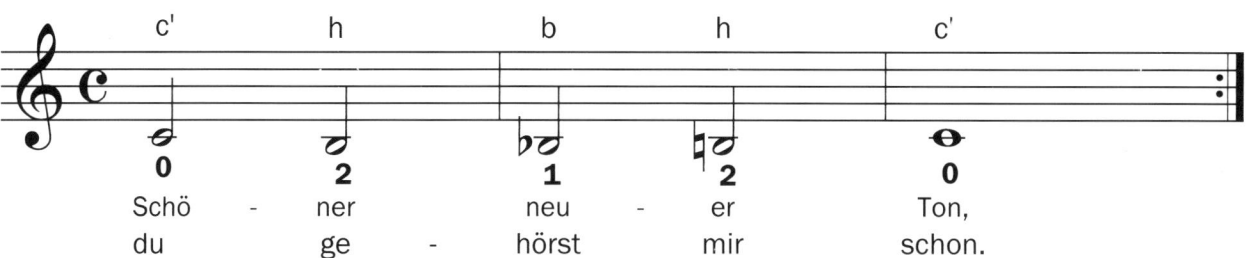

In diesem Lied gibt es gleich noch ein neues Zeichen, das Auflösungszeichen: ♮ . Es nimmt der Note, vor der es steht, sein Vorzeichen wieder weg.

> Ein Be (♭) vor einer Note erniedrigt sie um einen Halbtonschritt.
> Ein Auflösungszeichen (♮) vor einer Note macht die Veränderung rückgängig.
>
> Vorzeichen und Auflösungszeichen, die am Anfang einer Notenzeile stehen, gelten für die ganze Zeile, Vorzeichen und Auflösungszeichen, die in einem Takt vorkommen, gelten nur für diesen Takt.

Lirum larum Löffelstiel

Bernhard Schumacher

TROMPETENSCHULE *für Kinder* **Band 1**

Wenn hinter Fliegen Fliegen fliegen

Bernhard Schumacher

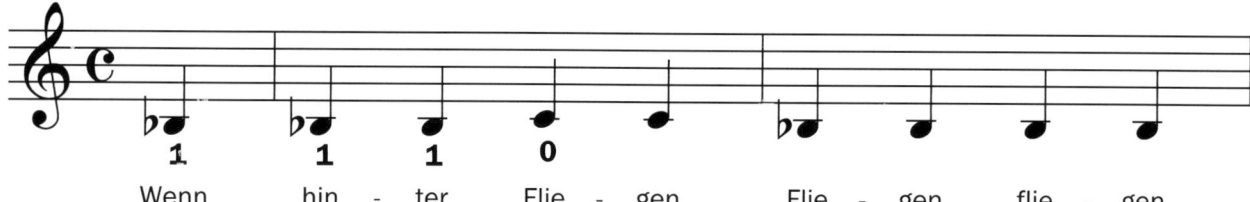

Wenn das Wörtchen „wenn" nicht wär

Bernhard Schumacher

Trage alle fehlenden Notennamen ein!

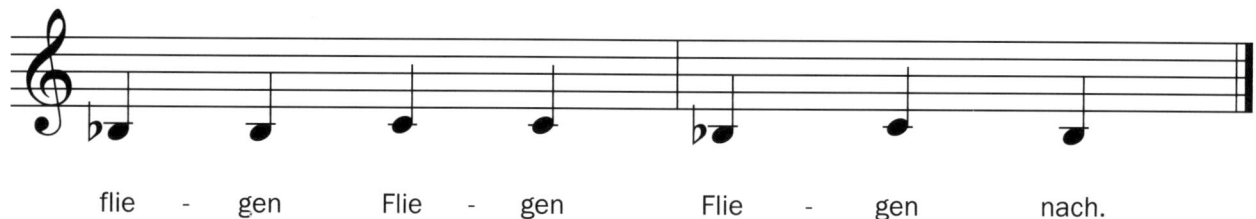

> Vorzeichen (♭) und Auflösungszeichen (♮) innerhalb eines Taktes gelten bis zum nächsten Taktstrich.

Wenn's beim Blasen blubbert, ...

... dann hat sich in deiner Trompete Kondenswasser angesammelt. Manche Leute denken, es sei Spucke, aber davon ist nur ganz wenig dabei. Das Blubbern kommt von der Luftfeuchtigkeit, die in unseren Lungen dem Atem beigemischt wird. Es ist die gleiche Feuchtigkeit, die eine Fensterscheibe beschlagen lässt, wenn wir sie anhauchen. Dieses Wasser sammelt sich beim Blasen im Rohr der Trompete und muss von Zeit zu Zeit ausgeleert werden. Ziehe dazu am besten den Hauptstimmzug und die Ventilzüge heraus und leere sie aus.

Der Ton b

Ist noch Limo da?
Bernhard Schumacher

0 2
Ist noch Li - mo da? Ja._____

0 1
Gibt es auch noch Wein? Nein._____

Spiele bei „Ja" und bei „Nein" gebunden. Trage bei „Nein" den Bindebogen selber ein.

Heute Abend, wenn der Mond scheint  29
Bernhard Schumacher

c h c c c c b b b b
Heu - te A - bend, wenn der Mond scheint, geh ich

c c h h c c h c c ....
raus und mach Mu - sik. Schlan - ke El - fen tan - zen

....
Wal - zer, und der Mond ist rund und dick.

Ventil 1 und 2 zugleich – der Ton a

Vom c' zum a  30

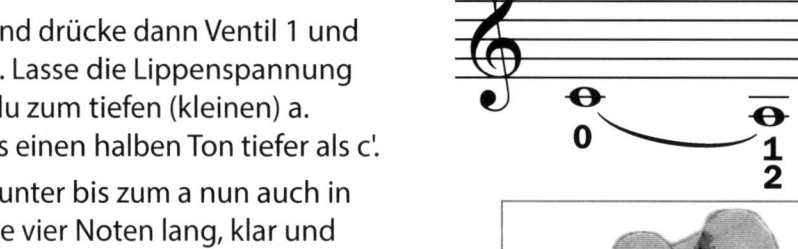

Spiele den Ton c' (Griff 0) und drücke dann Ventil 1 und Ventil 2 zugleich (Griff 1/2). Lasse die Lippenspannung dabei sinken. So kommst du zum tiefen (kleinen) a. Es klingt einen ganzen plus einen halben Ton tiefer als c'.

Nimm den Weg vom c' hinunter bis zum a nun auch in Halbtonschritten. Spiele die vier Noten lang, klar und deutlich (auch rückwärts, auch gebunden).

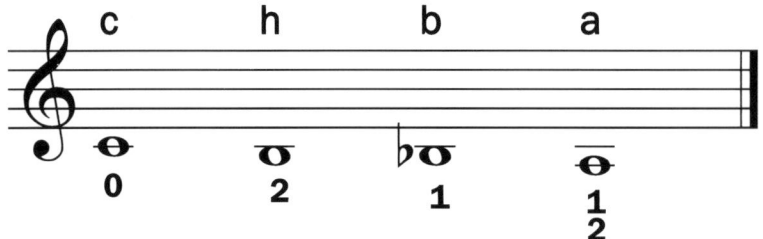

Die Note **a** („kleines a") steht im Notensystem auf der zweiten unteren Hilfslinie.

Sie hat den Griff 1/2 (Zeige- und Mittelfinger) und wird auf Gleis 1 angeblasen.

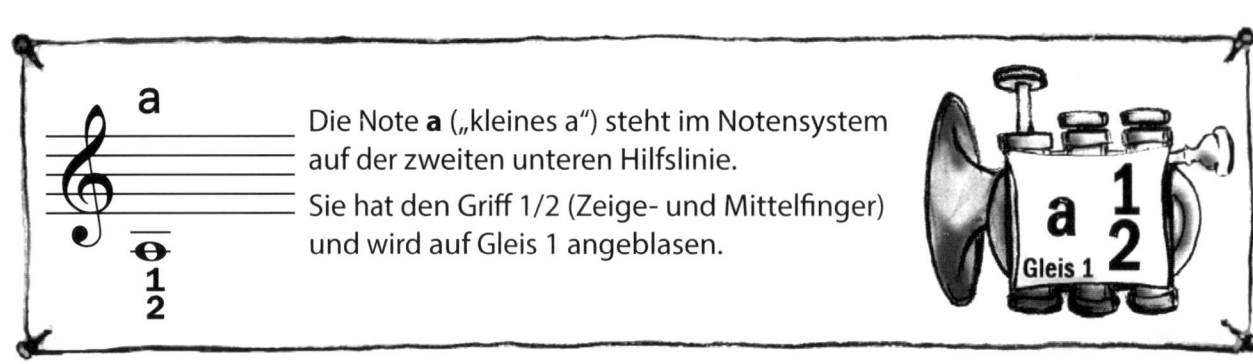

Auf und ab  31

Bernhard Schumacher

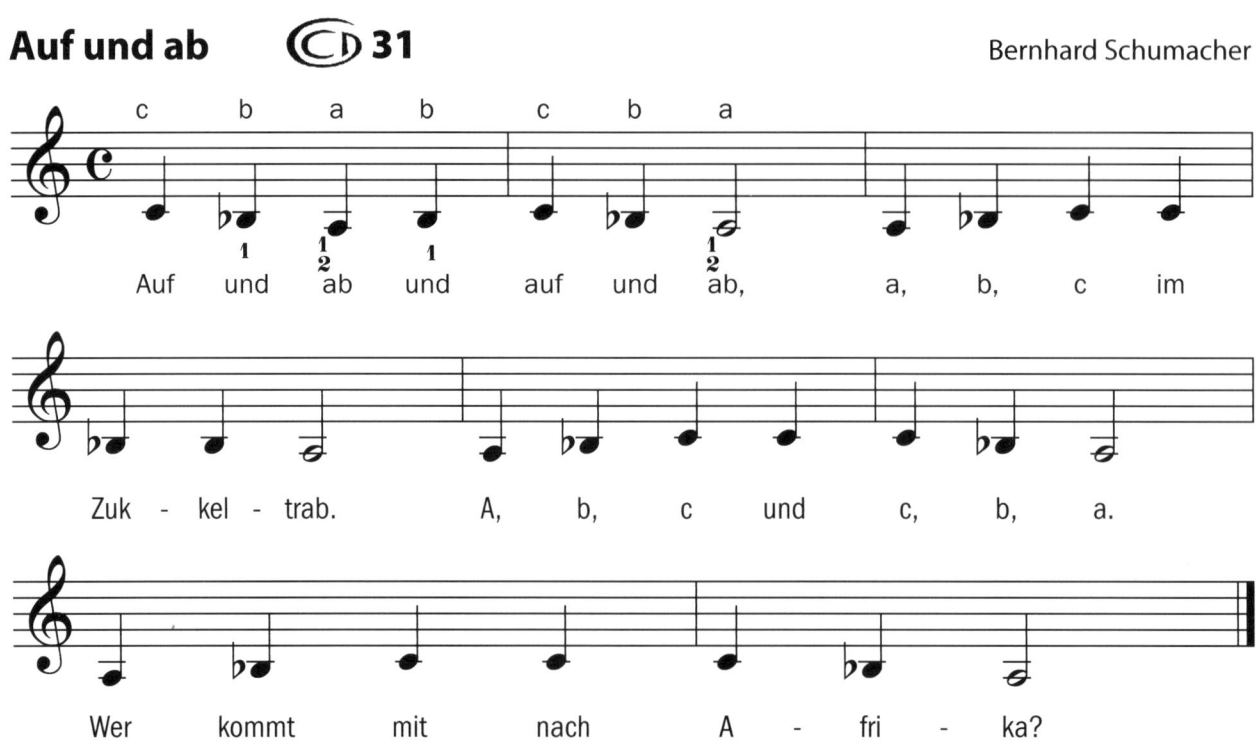

Auf und ab und auf und ab, a, b, c im Zuk-kel-trab. A, b, c und c, b, a. Wer kommt mit nach A-fri-ka?

Der Ton a

Meine Kuh macht manchmal „Muh!"
Bernhard Schumacher

Mei - ne Kuh macht manch - mal "Muh",

da - bei hö - re ich ihr zu.

Aha, aha, das A
Bernhard Schumacher

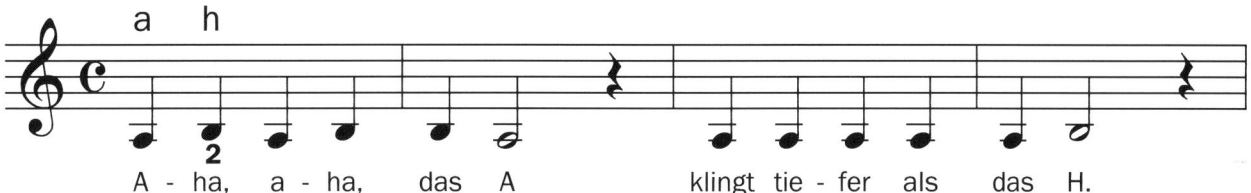

A - ha, a - ha, das A klingt tie - fer als das H.

A - ha, a - ha, das H klingt hö - her als das A.

A, b, c
Bernhard Schumacher

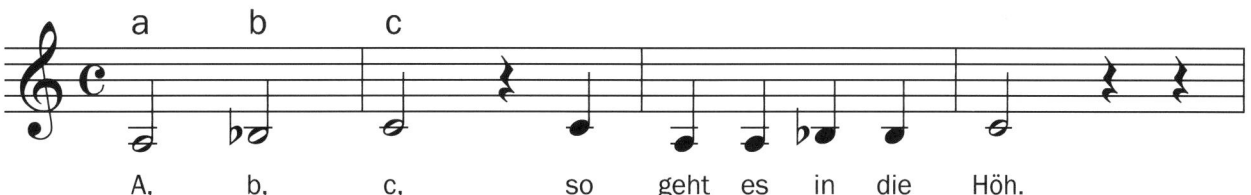

A, b, c, so geht es in die Höh.

C, b, a, ich

bin schon wie - der da.

TROMPETENSCHULE *für Kinder* Band 1

Notenrätsel

Schreibe in die Notenköpfe die Notennamen! Als Buchstaben gelesen erhältst du den Namen einer berühmten Musikerfamilie.

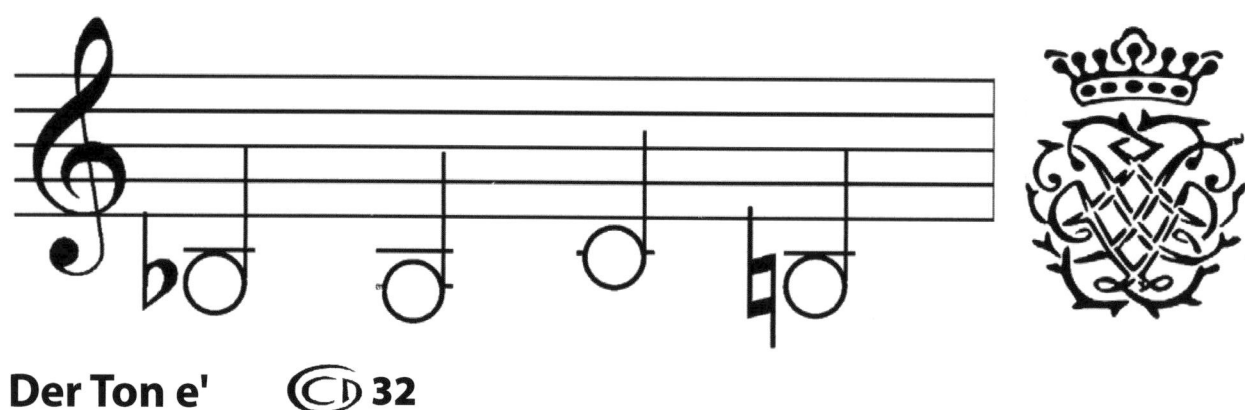

Der Ton e' CD 32

Spiele den Ton a (Griff 1/2) und steigere dabei ein wenig die Spannung der Bauchmuskeln und der Lippen wie bei der einfachen Sirene. Der Tonwaggon springt dadurch von Gleis 1 hoch auf Gleis 2, vom tiefen a zum höheren neuen Ton e'. Lass die Eisenbahn zuerst auf Gleis 1 und dann – höher – auf Gleis 2 schön glatt geradeaus fahren.

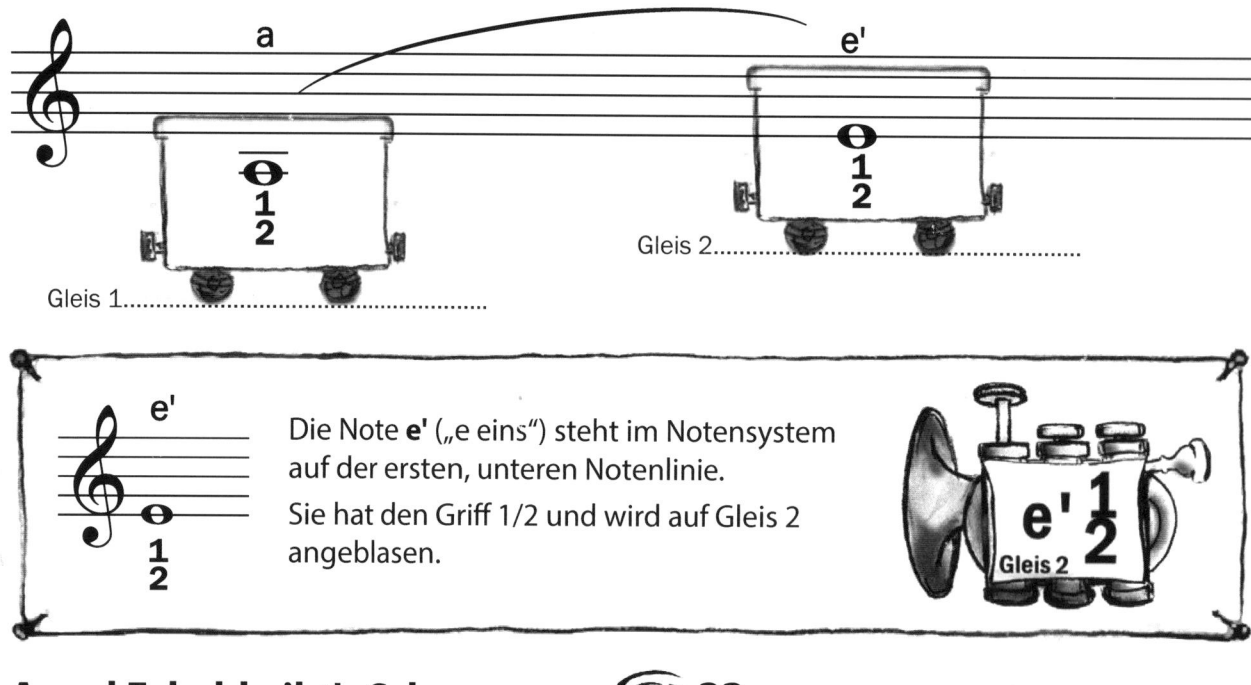

Die Note e' („e eins") steht im Notensystem auf der ersten, unteren Notenlinie.

Sie hat den Griff 1/2 und wird auf Gleis 2 angeblasen.

A und E, bald gibt's Schnee CD 33

Bernhard Schumacher

A und E, bald gibt's Schnee.

E und A, er ist da.

Der Ton e'

Die einfache Sirene mit a und e'  Bernhard Schumacher

Spiele die einfache Sirene noch einmal mit dem Mundstück ohne Trompete, und dann spiele die selbe Bewegung mit Trompete bei Griff 1/2. Lass den Ton auf einem Atem vom tiefen a zum e' hinauf und wieder zurück kippen.

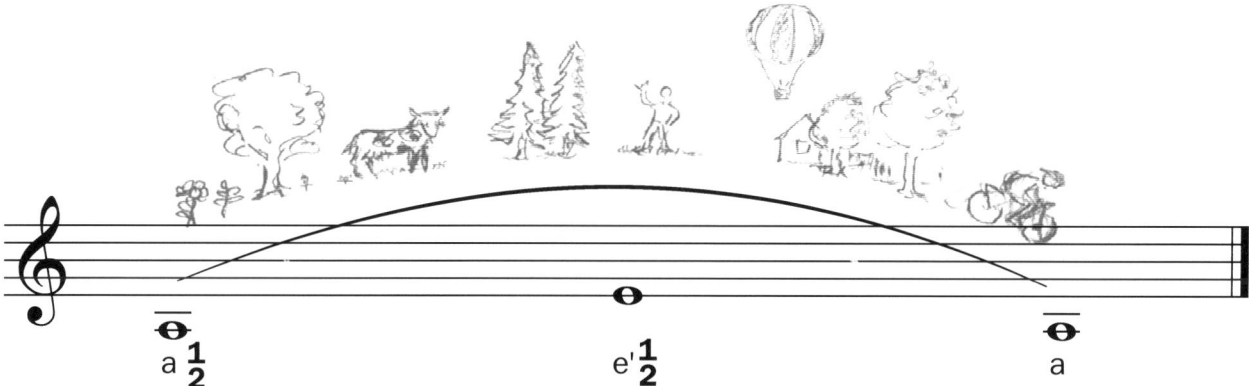

Die Doppelsirene mit a und e'  Bernhard Schumacher

Hier geht es ganz ähnlich wie bei der einfachen Sirene. Spiele am besten zuerst nur mit dem Mundstück und anschließend mit der Trompete. Los geht's, Griff 1/2, auf einem Atem vom a zum e' zum a zum e' zum a!

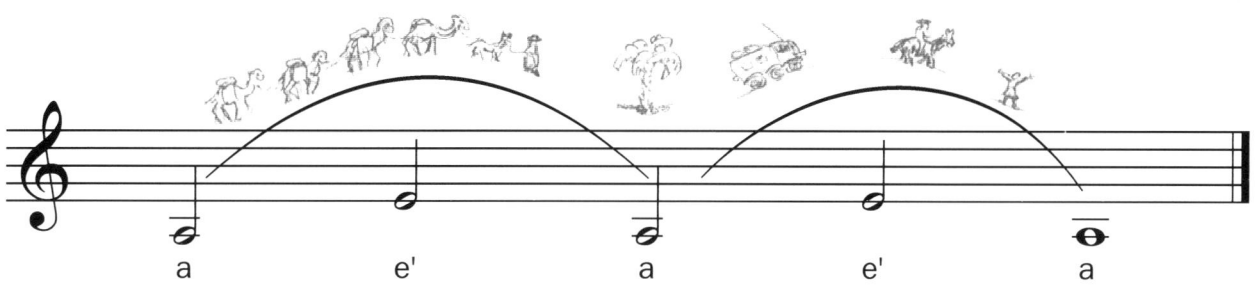

Die Polizeisirene mit a und e'  Bernhard Schumacher

Lass deine Bauchmuskeln springen wie die Fische im Wasser. Mit ein wenig Training wird dir diese Übung bald immer eleganter gelingen.

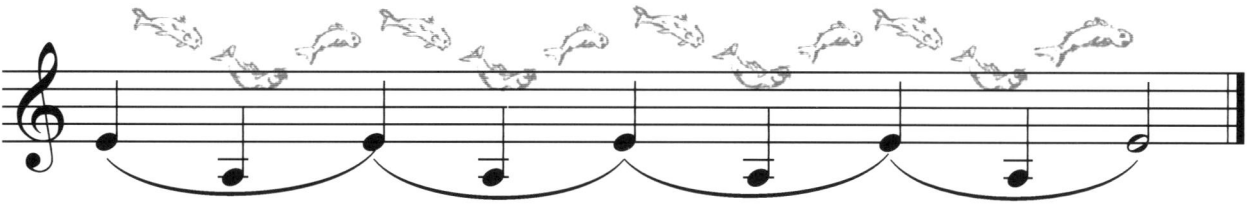

Notenschreiben macht Spaß

Trage hier die fehlenden Noten ein! Kommt dir das Lied bekannt vor?

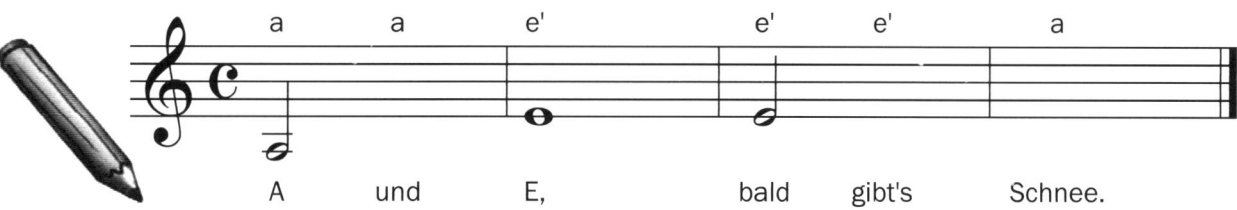

Oasensong Nr. 1 mit a und e'    Bernhard Schumacher

Dieses Lied wird ganz ohne Griffwechsel gespielt. Welchen Griff brauchen wir?

Hal - lo Leu - te, hört mal her, was ich heu - te bla - se:

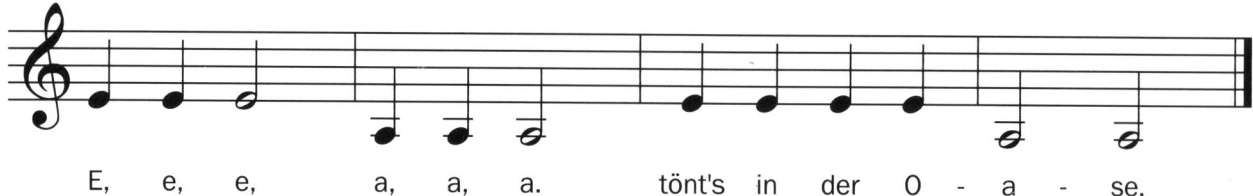

E, e, e, a, a, a. tönt's in der O - a - se.

Trompetenruf

Der Ton e'

Vögel, die nicht singen

Text: Kinderreim, Musik: Bernhard Schumacher

Vö - gel, die nicht sin - gen, Glok - ken, die nicht klin - gen,

Pfer - de, die nicht sprin - gen, Pi - sto - len, die nicht kra - chen,

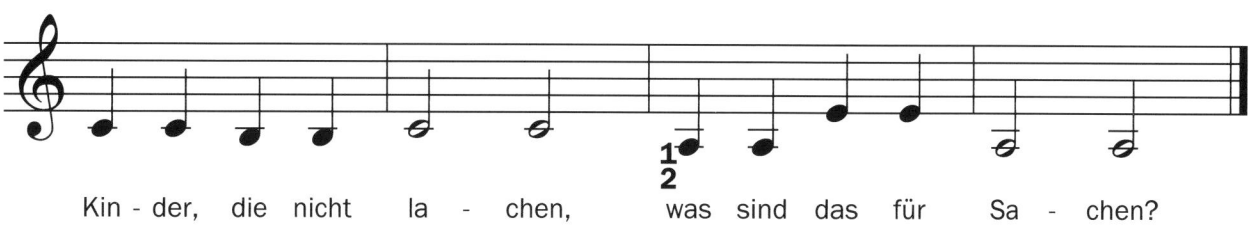
Kin - der, die nicht la - chen, was sind das für Sa - chen?

Lied des Straßenmusikanten CD 38

Bernhard Schumacher

Lie - be Freun - de, seid so gut, schenkt mir ei - nen Eu - ro,

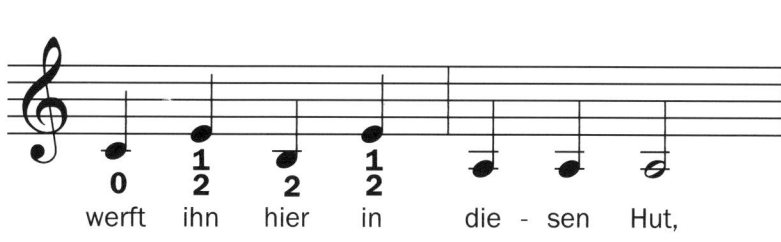
werft ihn hier in die - sen Hut,

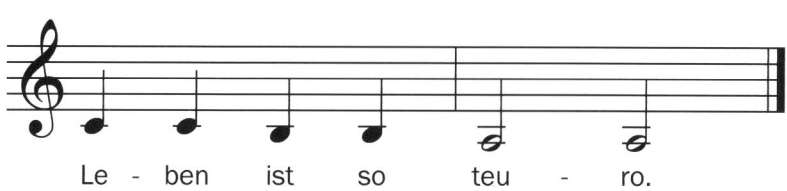
Le - ben ist so teu - ro.

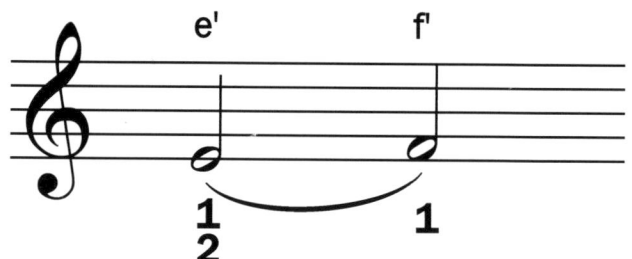

Der Ton f'

Das f' klingt einen Halbtonschritt höher als das e'. Spiele ein klares, kräftiges e' (mit dem Griff 1 + 2) und lasse dann das 2. Ventil los. Die Gesamtrohrlänge wird verkürzt, der Ton wird erhöht von e' zu f'.

Triller

Beginne langsam und werde allmählich immer schneller.

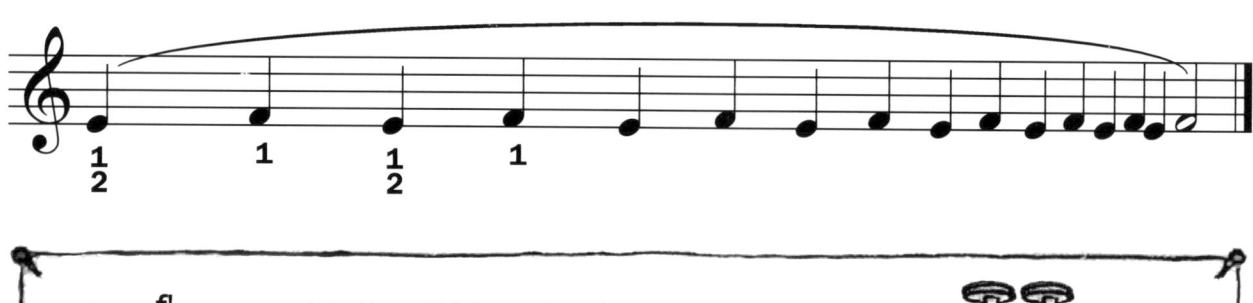

Die Note **f'** („f eins") steht im Notensystem im ersten, unteren Zwischenraum.

Sie hat den Griff 1 und wird auf Gleis 2 angeblasen.

Storch, Storch, Langbein   CD 39

Bernhard Schumacher

Storch, Storch, Lang - bein, bring mir ein klei - nes

Schwe - ster - lein! Al - ler - al - ler - be - ster, al - ler - al - ler - be - ster,

bring mir - 'ne klei - ne Schwe - ster!

Singe das Lied zuerst, dann spiele es fröhlich und deutlich.

Die Achtelnoten kannst du abwechselnd mal gebunden und mal einzeln angestoßen spielen.

TROMPETENSCHULE *für Kinder* Band 1

Rätsel   CD 40
Bernhard Schumacher

Al - le Ta - ge geh ich aus, wan - dre mit den Lah - men,
blei - be doch in mei - nem Haus. Sag mir mei - nen Na - men.

Eine Stunde, Kunigunde
Bernhard Schumacher

Ei - ne Stun - de, Ku - ni - gun - de, steh ich schon vor dei - ner Tür.
Hier im Gar - ten muss ich war - ten, bis du wie - der kommst zu mir.

Kläre alle Noten b und h bevor du zu spielen beginnst! Vor der Note h bei der Silbe „war-" in der zweiten Zeile müsste eigentlich kein Auflösungszeichen stehen. Es ist deshalb – nur zur Erinnerung – in Klammern gesetzt.

Wer nicht die Noten kennt
Bernhard Schumacher

✏️ Schreibe die Notennamen über die Noten und die Griffe darunter!

1

Wer nicht die No - ten kennt, hat was wich - ti - ges ver - pennt.

Notenschreiben
Bernhard Schumacher

✏️ Hier fehlen leider die Noten, trage sie ein und und spiele sie!

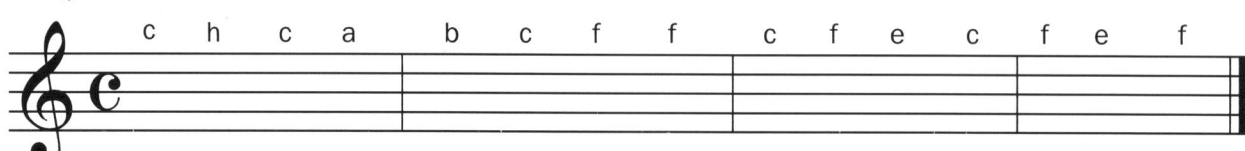

c h c a b c f f c f e c f e f

0 2 0 ½ 1 0 1 1 0 1 ½ 0 1 ½ 1

Wenn ich No - ten schrei - ben kann, dann fang ich ei - ne O - per an.

Mehr Spielmaterial findest du in meiner Veröffentlichung DAS SPIELBUCH für Trompete, Flügelhorn und Kornett (ISBN 978-3-943638-80-6) auf den Seiten 11 bis 14.

Die Töne es' und as

Ventil 2 und 3 zugleich – die Töne es' und as

Der Ton es'  CD 41

... klingt einen Halbtonschritt tiefer als e'. Spiele ihn mit dem Griff 2/3 auf Gleis 2.

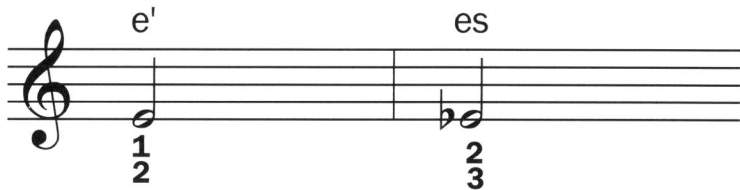

Der Ton as  CD 42

... klingt einen Halbtonschritt tiefer als a. Spiele ihn mit dem Griff 2/3 auf Gleis 1.

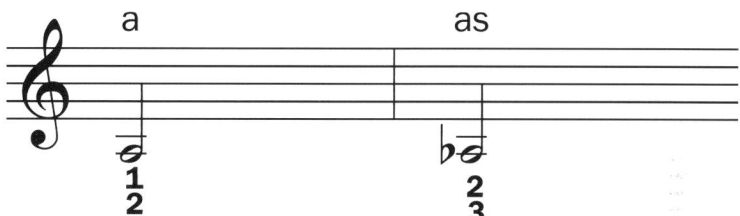

Die Töne es' und as  CD 43

... sind genauso weit von einander entfernt wie die Töne e' und a. Spiele und vergleiche. Ohren auf!

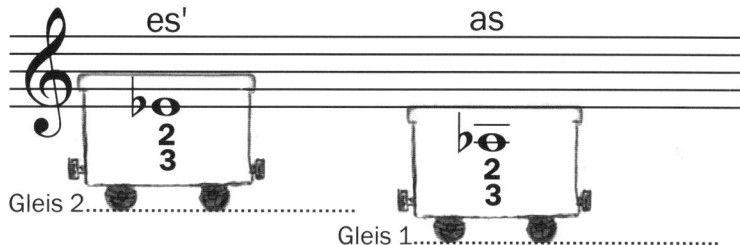

Wenn Du Dir die Ventilzüge deines Instruments anschaust, hier unten sehen wir sie an einem Flügelhorn, dann wirst Du sofort verstehen, dass der Griff 2/3 ein etwas längeres Rohr erzeugt als der Griff 1/2 und dass deshalb die Töne es' und as tiefer klingen müssen als e' und a.

Drei Sirenen mit as und es'

Bernhard Schumacher

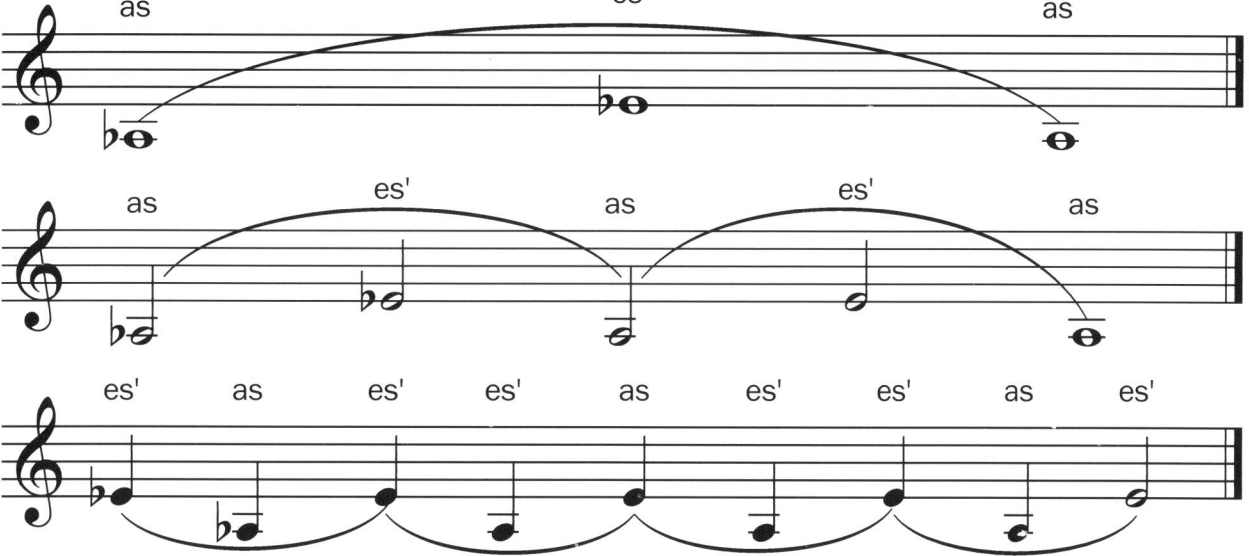

Die Töne es' und as

Kleine Schaukelei

Bernhard Schumacher

Nenne oder singe alle Notennamen, als seien sie der Text des Liedes.
Trage die fehlenden Namen ein.

Spiele die Schaukelei sowohl mit einzeln angestoßenen Tönen als auch gebunden.

Zwei Ochsen an dem Berge stehn   CD 46

Text: mündl. überliefert,
Musik: Bernhard Schumacher

Atemtraining

Zum Trompetespielen brauchen wir vor allem Luft. Die Luft aus unseren Lungen treibt – ähnlich wie der Kraftstoff einen Motor – unsere Lippen an. Je mehr Gas ein Motorradfahrer gibt, desto schneller und desto steiler bergauf kann er fahren. Natürlich muss das gründlich gelernt und geübt werden, sonst gibt's einen Unfall.

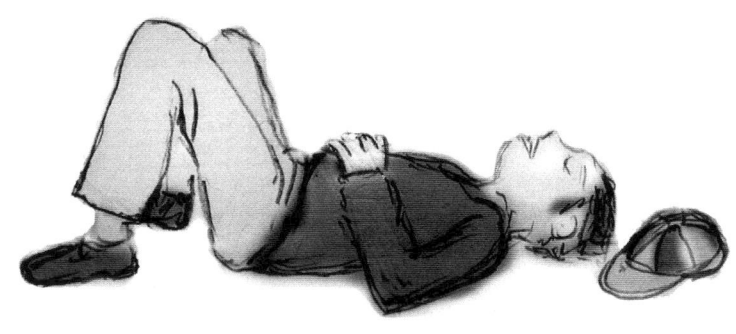

Für den Trompetenführerschein wollen wir unseren Atem erforschen und trainieren. Das geht sehr gut und leicht, wenn wir uns einfach auf den Rücken legen, ganz normal atmen und mit der Hand auf dem Bauch fühlen, wie die Bauchdecke sich beim Einatmen hebt und beim Ausatmen senkt.

Schaffst du es, auch im Stehen und im Sitzen so locker in und aus dem Bauch zu atmen wie im Liegen? Probiere es aus und übe es, denn diese tiefe Atmung ist zum Trompetespielen besonders gut geeignet.

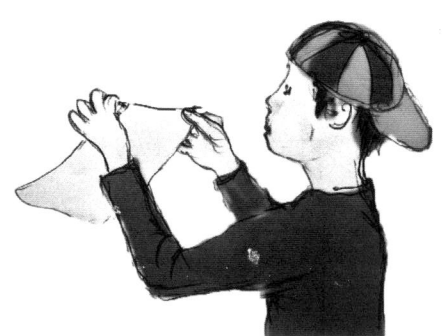

Übung 1:
Halte ein Blatt Papier mit beiden Händen vor deinen Mund und blase es mit einem möglichst langen und gleichmäßigen Luftstrahl so an, dass es sich langsam nach vorne und wieder zurück biegt.

Übung 2:
Lege das Blatt Papier gegen eine Wand und versuche, es so lange wie möglich ohne Hände dort festzuhalten, indem du kräftig dagegen bläst. Nimm anfangs ein nicht zu großes dünnes Blatt. Wie viele Sekunden lang schaffst du es? Übe, das gibt Kraft.

Übung 3:
Versuche, nur mit deinem Atem einen leichten Gegenstand, z.B. einen Luftballon oder einen Wattebausch, ein Papierknäuel oder eine Feder gezielt zu bewegen. Zu zweit kann man auch ein sehr lustiges Spiel daraus machen ...

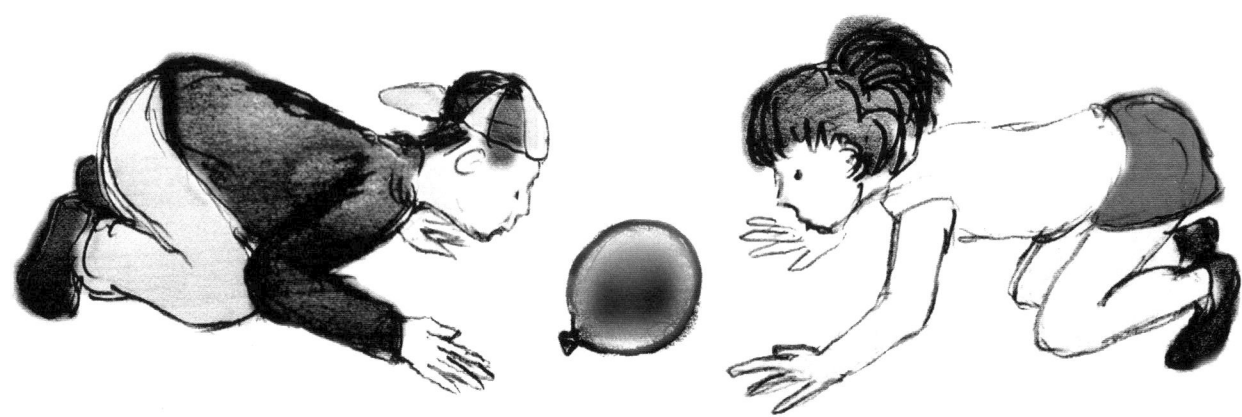

Atmen

Bindebogen – Haltebogen

Den **Bindebogen** kennen wir schon. Er verbindet *verschiedene Noten*, die legato gespielt werden sollen, das heißt gebunden, die einzelnen Töne werden nicht angestoßen.

Ein **Haltebogen** sieht genauso aus wie ein Bindebogen, er verbindet jedoch nicht verschiedene, sondern *gleiche Noten*. Die Notenwerte der verbundenen Noten werden dann einfach zusammengezählt; das ist z.B. immer dann nötig, wenn ein Ton über einen Taktstrich hinaus ausgehalten werden soll. Beachte: Der Haltebogen nimmt das Vorzeichen des Anfangstones mit, auch über den Taktstrich hinweg.

In diesem Lied stehen die Vorzeichen gleich hinter dem Notenschlüssel; sie gelten dann für die ganze Notenzeile. Hier wird jedes h zu b, jedes e zu es und jedes a zu as. Du kannst zur Erinnerung um jedes b einen roten, um jedes es einen grünen und um jedes as einen blauen Kreis zeichnen. Nimm die Farben, die du selbst passend findest.

Stell dir vor, dass du am Abend mit deiner Trompete an einem großen, weiten Strom stehst, während gerade über dem Wasser die Sonne untergeht …

Die Töne d' und g - Griff 1/3

Der Griff 1/3 verlängert das Trompetenrohr im Vergleich zu 2/3 nochmals um eine Stufe. Das d' klingt deshalb einen halben Ton tiefer als das es', das g klingt einen halben Ton tiefer als das as.

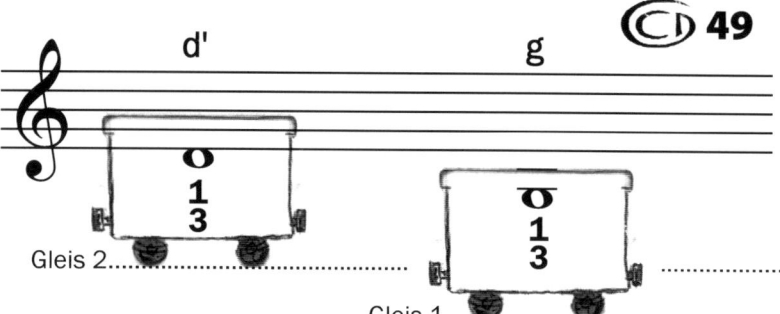

Oasensong Nr. 4 mit d' und g

Bernhard Schumacher

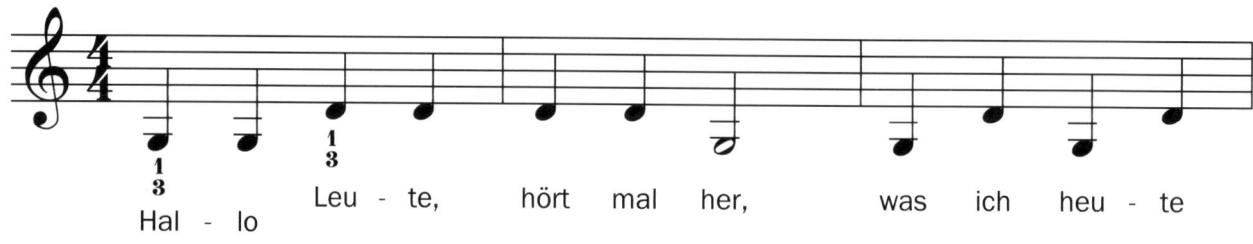

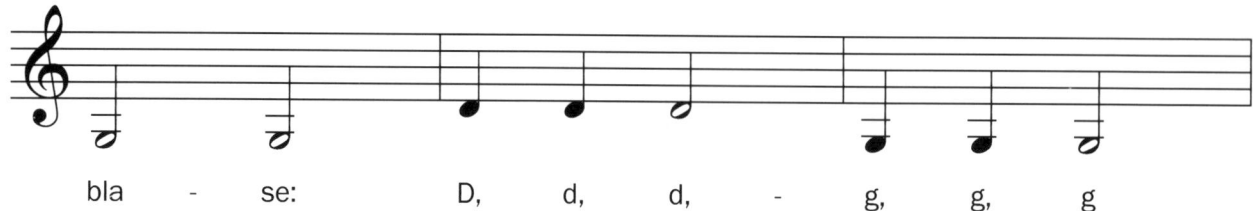

Eine neue Schaukel

Bernhard Schumacher

Bitte die Notennamen eintragen!

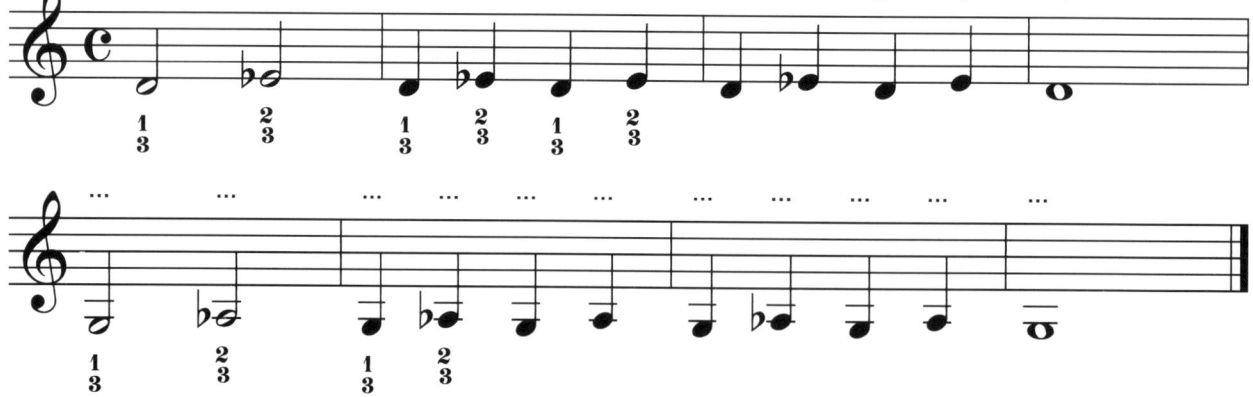

Schaukle bitte mal gebunden, mal gestoßen.

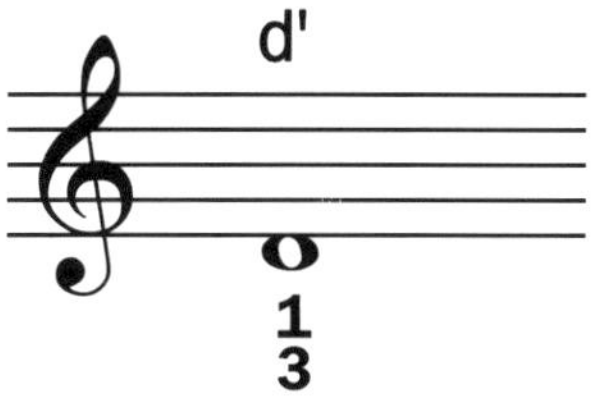

Die Töne d' und g

> **d'**
> Die Note **d'** („d eins") steht im Notensystem unter der ersten Notenlinie.
> Griff 1/3, Gleis 2.

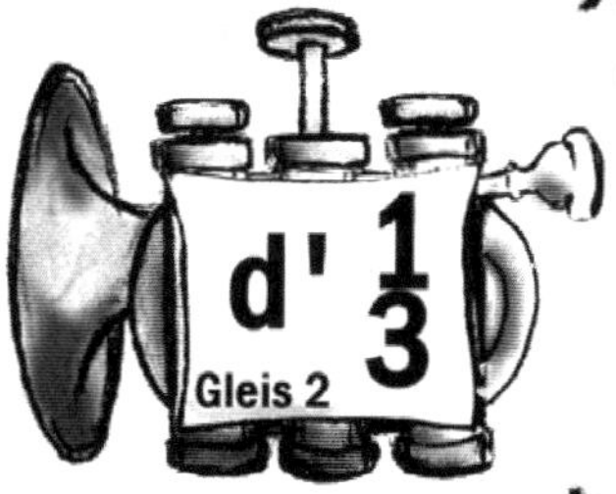

Spiel, Trompete, spiele CD 50
Bernhard Schumacher

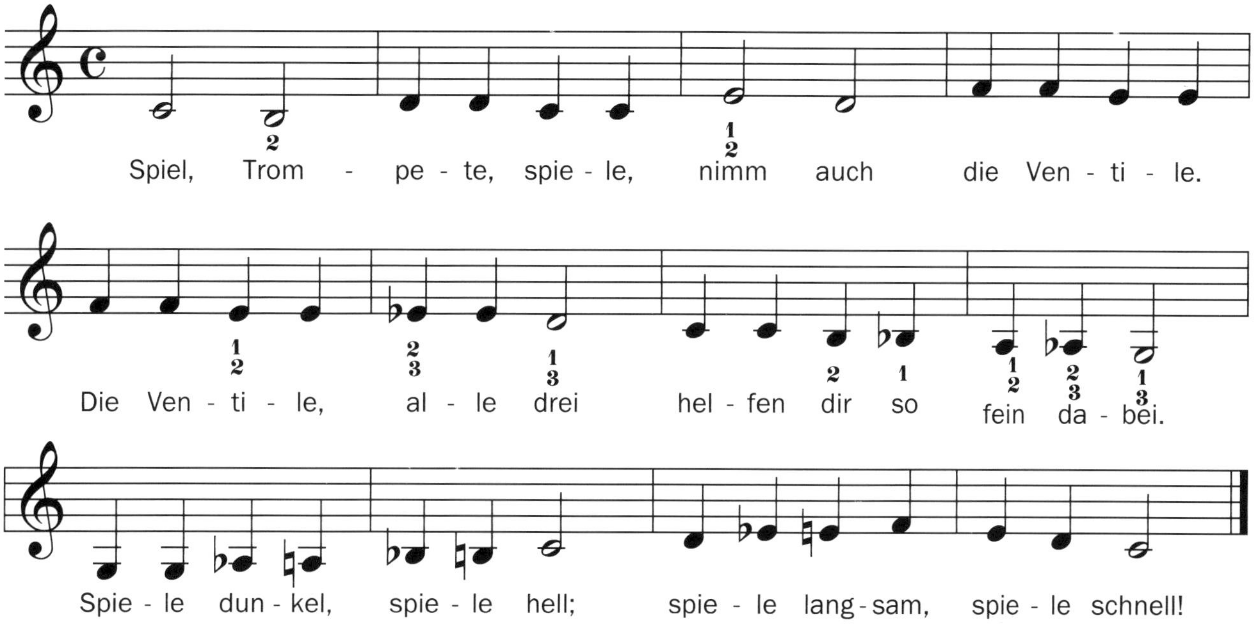

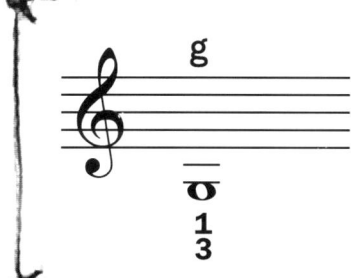

Spiel, Trom - pe - te, spie - le, nimm auch die Ven - ti - le.
Die Ven - ti - le, al - le drei hel - fen dir so fein da - bei.
Spie - le dun - kel, spie - le hell; spie - le lang - sam, spie - le schnell!

> **g**
> Die Note **g** („kleines g") steht im Notensystem unter der zweiten unteren Hilfslinie.
> Griff 1/3, Gleis 1.

Frühlingslied CD 51
Bernhard Schumacher

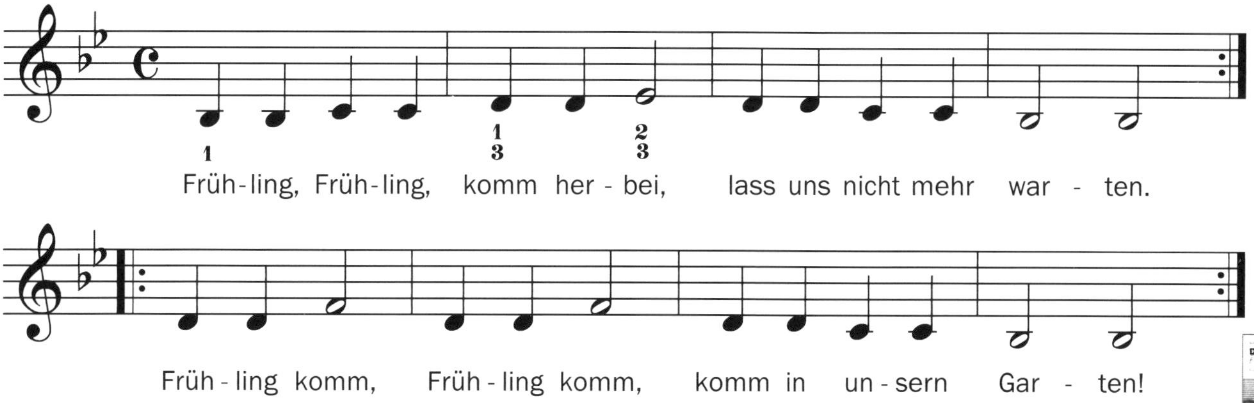

Früh - ling, Früh - ling, komm her - bei, lass uns nicht mehr war - ten.
Früh - ling komm, Früh - ling komm, komm in un - sern Gar - ten!

*Wer bis hierhin gelangt ist, findet in meiner Veröffentlichung **DAS SPIELBUCH** für Trompete, Flügelhorn und Kornett (ISBN 978-3-943638-80-6) weitere Spielstücke auf den Seiten 15 bis 17.*

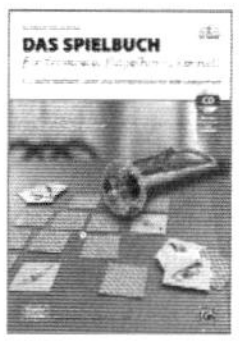

Notensammlung

Nun haben wir schon viele Noten kennen gelernt. Mache dich mit ihnen vertraut wie mit Freunden, die dir ein Leben lang treu bleiben werden. Wie viele sind es bisher? Schreibe die Namen über die Noten, die Griffe darunter! Spiele sie alle in beliebiger Reihenfolge.

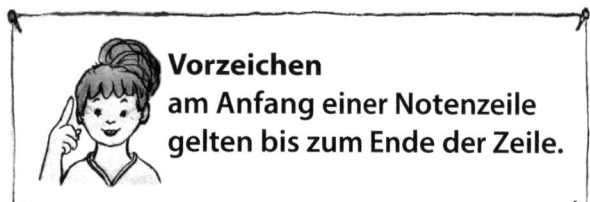

Vorzeichen am Anfang einer Notenzeile gelten bis zum Ende der Zeile.

Das erste ♭ erniedrigt jedes h zu b, das zweite ♭ erniedrigt jedes e zu es.
Im Lied „Wagen haben Räder" wird also jedes h zu b und jedes e zu es. Beim „Alten Tanz" gibt es keine Vorzeichen; was bedeutet das?

Wagen haben Räder CD 52

Bernhard Schumacher

Alter Tanz CD 53

Bernhard Schumacher

Laut und leise

Spiele beim Alten Tanz die ersten zwei Takte laut, die nächsten beiden leise, dann wieder zwei laut und die letzten leise. Du kannst es auch umgekehrt probieren: Leise beginnen, dann laut usw. Auf welche Art gefällt es dir besser. Warum? Wechsle laut und leise auch bei anderen Stücken ab, z.B. bei „Wagen haben Räder", beim „Frühlingslied" und anderen. Die Musik wird dadurch lebendiger.

Laut und leise

Backe, backe Kuchen 🄫 54
Kinderlied

Bak - ke, bak - ke Ku - chen, der Bäk - ker hat ge - ru - fen. Wer will gu - ten Ku - chen bak - ken, der muss ha - ben sie - ben Sa - chen: Ei - er und Schmalz, But - ter und Salz, Milch und Mehl, Sa - fran macht den Ku - chen gel.

Im folgenden Lied gibt es **Halbe Noten mit Punkt:** Hier musst du bis drei zählen.

Winter ade 🄫 55
Volkslied

Win - ter a - de! Schei - den tut weh, a - ber dein Schei - den macht, dass mir das Her - ze lacht. Win - ter a - de! Schei - den tut weh.

TROMPETENSCHULE *für Kinder* **Band 1**

Der Punkt hinter einer Note verlängert diese um die Hälfte ihres Wertes. Das gilt für alle Notenwerte.

Kuckuck, Kuckuck
Volkslied

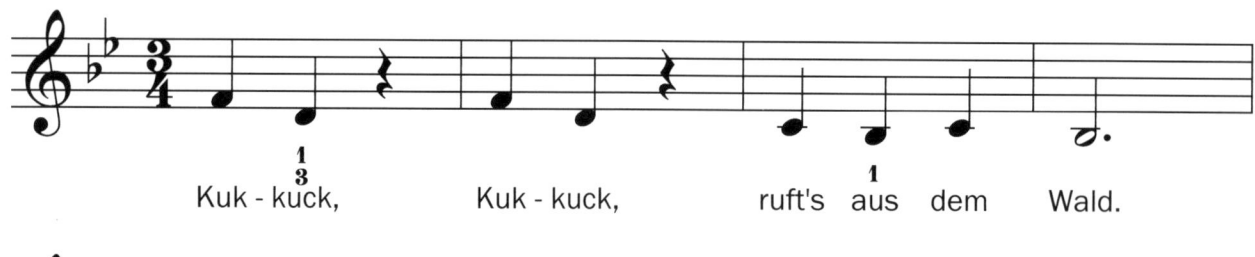

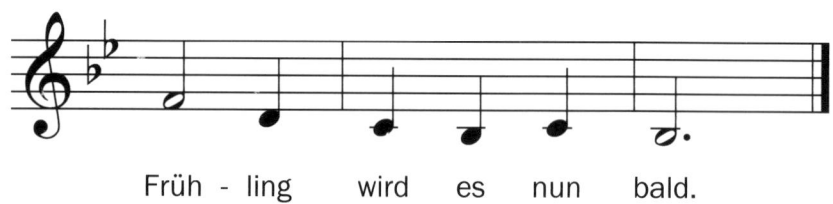

Häschen, Häschen in dem Gras CD 56
Bernhard Schumacher

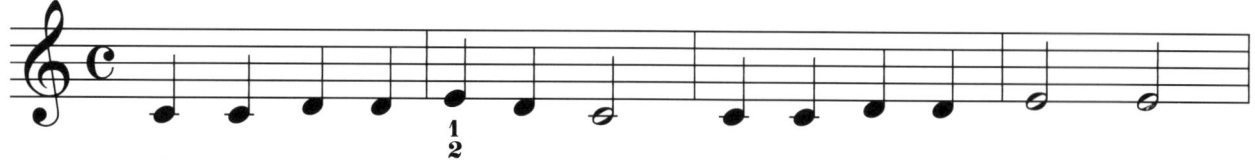

Punktierte Noten

Ja, ja, ja, der Sommer, der ist da CD 57 Volkslied

Ja, ja, ja, der Som-mer, der ist da!
Herbst und Win-ter sind ver-gan-gen, Früh-ling, der hat an-ge-fan-gen.
Ja, ja, ja der Som-mer, der ist da.

CD 58
Ich mag jede Jahreszeit
Bernhard Schumacher

Ich mag je-de Jah-res-zeit, ob es reg-net o-der schneit.
Wind bläst Wol-ken her von weit, Son-ne bringt Zu-frie-den-heit.
Him-mel blau, Him-mel grau, wer Mu-sik macht, der wird schlau.
Glaubt es mir, seid ge-scheit: Gut ist je-de Jah-res-zeit.

TROMPETENSCHULE *für Kinder* **Band 1**

Der Rhythmusbaum
Bernhard Schumacher

Das Lied vom Rhythmusbaum sollst du auch singen oder rhythmisch sprechen. Klatsche dabei in die Hände: Pro Takt vier gleichmäßige Viertel!

Baum - stamm, fe - ste Ä - ste,

vie - le klei - ne grü - ne Blät - ter, oh!

Ach du Schreck, Pitt ist weg (Kanon) CD 59
Bernhard Schumacher

1. Ach du Schreck, Pitt ist weg. Das ist a - ber bit - ter. Un-ser Ka-ter Pit-ter.

2. So ein Glück, er kam zu-rück. Er ist wie-der da, hur - ra!

Die Zahlen (1., 2.) zeigen im Kanon die Einsätze, die Fermatezeichen (𝄐) (vgl. S. 56) die Schlusstöne an.

Was kostet eine Achtelnote?
Bernhard Schumacher

Im Spaß können wir die Notenwerte auch einmal in Geldwerte umrechnen:

Eine Ganze Note soll 4 Euro kosten.

Dann kostet eine Halbe Note also halb so viel, nämlich 2 Euro.

Wieviel kostet eine Viertelnote? _____ Euro.   Wieviel kostet eine Achtelnote? _____ Cent.

Das Kreuzvorzeichen

Der Ton fis'  60

Lass den Ton vom h aus (Griff 2, Gleis 1) zum Gleis 2 hinauf gleiten. So kommst Du ganz leicht zum fis':

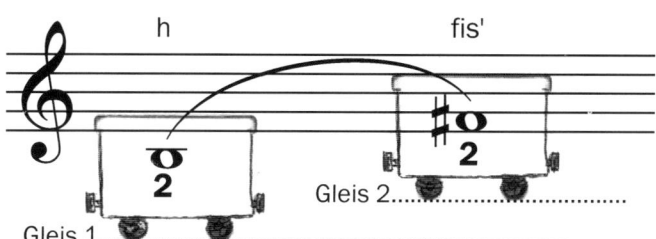

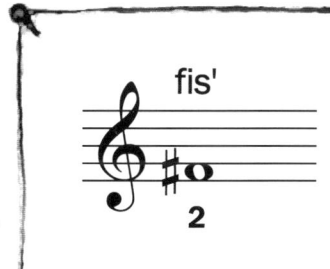 Die Note **fis'** („fis eins") steht im Notensystem im ersten Zwischenraum. Sie unterscheidet sich vom f' durch das Vorzeichen ♯ (Kreuz).

Griff 2, Gleis 2.

Die Note fis' wird wie das f in den ersten Zwischenraum geschrieben, aber sie klingt einen halben Ton höher, denn der zweite Ventilzug ist etwas kürzer als der erste. Schau Dir Deine Trompete daraufhin noch einmal genau an und vergleiche die Töne f' und fis'. Hörst Du den Unterschied? Damit man f' und fis' unterscheiden kann, bekommt die Note fis' ein Vorzeichen, das neue Vorzeichen heißt Kreuz und sieht so aus: ♯.

 Jede Note, vor der ein Kreuz (♯) steht, wird um einen Halbtonschritt erhöht.

Oasensong Nr. 5 mit h und fis'

Bernhard Schumacher

Hal - lo Leu - te, hört mal her,

was ich heu - te bla - se: Fis, fis, fis, -

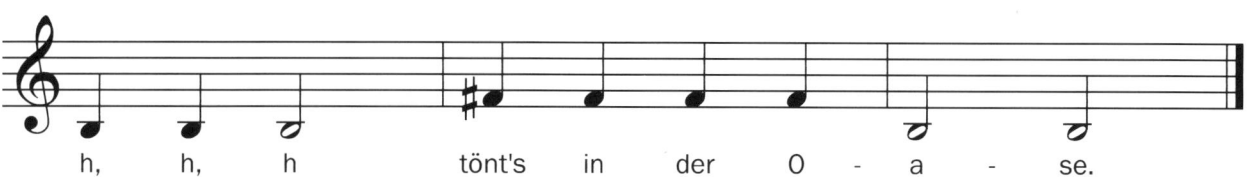
h, h, h tönt's in der O - a - se.

TROMPETENSCHULE *für Kinder* **Band 1**

Bauer, bind den Pudel an

Text: Kindervers, Musik: Bernhard Schumacher

Bau-er, bind den Pu-del an, dass er mich nicht bei-ßen kann.
Beißt er mich, ver-klag' ich dich, hun-dert Ta-ler ko-stet's dich.

Wenn das Fis nicht höher wär CD 61

Bernhard Schumacher

Wenn das Fis nicht hö-her wär, klän-ge dies viel trau-ri-ger.
Doch das F klingt weich und voll. Hier-bei geht's um Dur und Moll.

Tanz mit mir im Kreis herum

Bernhard Schumacher

Hier steht ein Vorzeichen (♯) am Anfang der Notenzeilen, das bedeutet, dass jedes F in diesem Lied zu Fis erhöht werden muss.

Tanz mit mir im Kreis her-um, Kreis her-um, Kreis her-um:
Di-del di-del di-del-dum, di-del di-del-dum.

♪ Achtelnoten mit Fähnchen werden für einzelne Textsilben verwendet. Wenn eine Textsilbe auf mehrere Achtelnoten gesungen werden soll, werden diese mit Balken verbunden.

Das Kreuzvorzeichen

Auf der Wippe
Bernhard Schumacher

Nenne (singe) alle Notennamen.

Zwei Griffe, vier Töne:

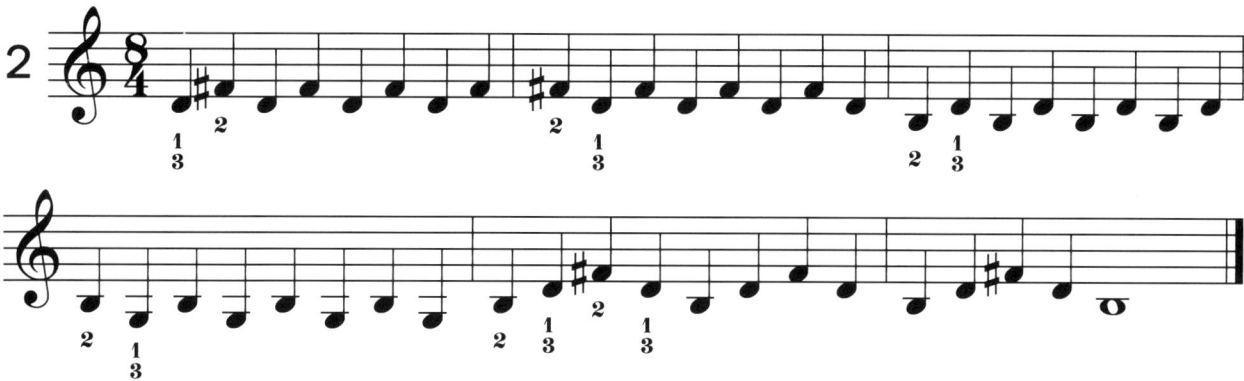

Achtung, Vorzeichen! (immer f oder immer fis?)

Spiele alles sowohl einzeln angestoßen als auch gebunden.

TROMPETENSCHULE *für Kinder* **Band 1**

Old Mac Donald Had a Farm

amerikanisches Kinderlied

*Wer **Old Mac Donald Had a Farm** spielen kann, der kommt auch mit **In den See fällt der Schnee** auf Seite 18 des **SPIELBUCHS** für Trompete, Flügelhorn und Kornett (ISBN 978-3-943638-80-6) zurecht.*

Wahwah-Mundstücktöne

Bilde mit beiden Händen einen Hohlraum, wie du es hier auf den Bildern siehst. Das Mundstück ragt heraus. Blase z.B. „Alle meine Entchen" und öffne bei jedem Ton die Handhöhle, so entsteht der lustige Wahwah-Klang. Auf diese Weise kannst du laute, leise, lachende, quäkende, schreiende und sogar weinende Töne erzeugen; probiere es aus.

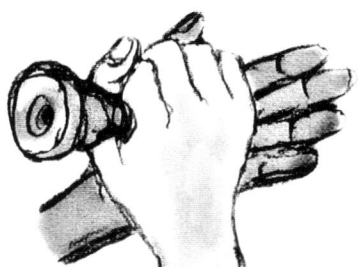

Übrigens passt ein Mundstück in jedes Gepäck. Man kann damit während Ferienreisen usw. problemlos seinen Ansatz trainieren ...

Halte dein Munddstück sauber: Spüle es einmal pro Woche kräftig mit warmem Wasser durch; du kannst auch ein im Handel erhältliches Mundstückbürstchen dabei verwenden.

Der Ton g'

Lass den Ton vom c' aus (Griff 0, Gleis 1) zum Gleis 2 hinauf gleiten. Der neue Ton heißt g'. Mit ihm haben wir den zweiten natürlichen Oberton erreicht, deshalb steckt er hier auch in der Notenlokomotive und nicht in einem Notenwaggon wie die Töne, für die wir Ventile benötgen.

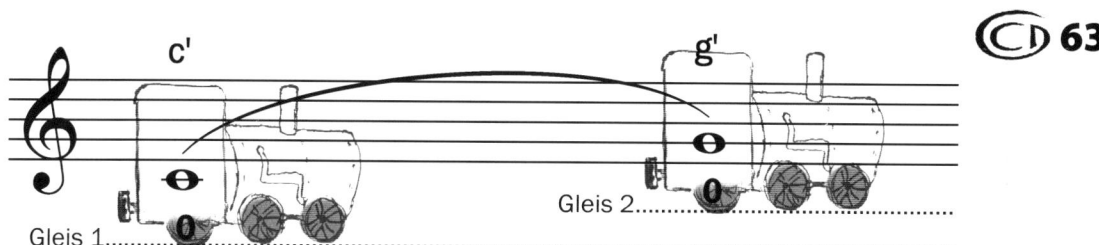

Oasensong Nr. 6 mit c' und g'

Bernhard Schumacher

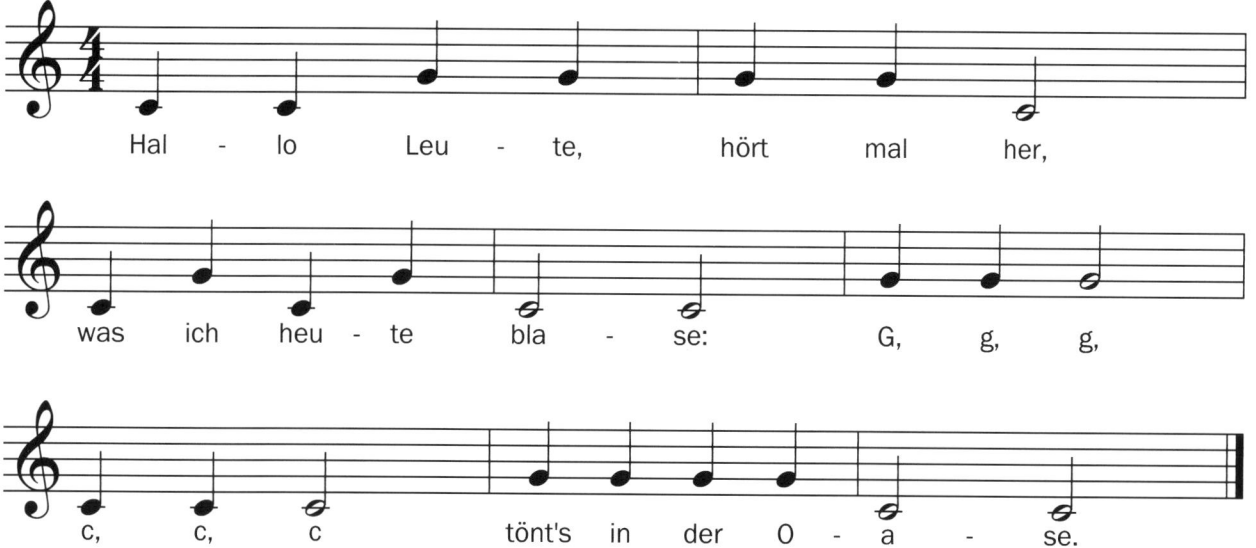

TROMPETENSCHULE *für Kinder* Band 1

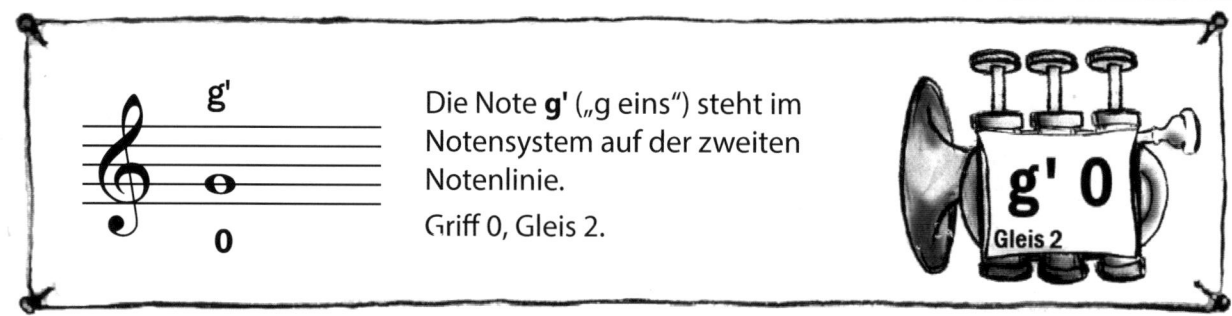

Die Note **g'** („g eins") steht im Notensystem auf der zweiten Notenlinie.
Griff 0, Gleis 2.

Von Klein-Ge nach Ge-Eins mit dem Notenzug

Die Trompetentöne, die wir bisher gelernt haben, sind reisefertig in ihren Waggons. Lass den Zug abfahren – zuerst auf Gleis 1, dann auf Gleis 2. Probiere es vorwärts und rückwärts. Alle Töne, vor allem die tiefen, wollen sicher, ruhig und bequem fahren. Gute Reise!

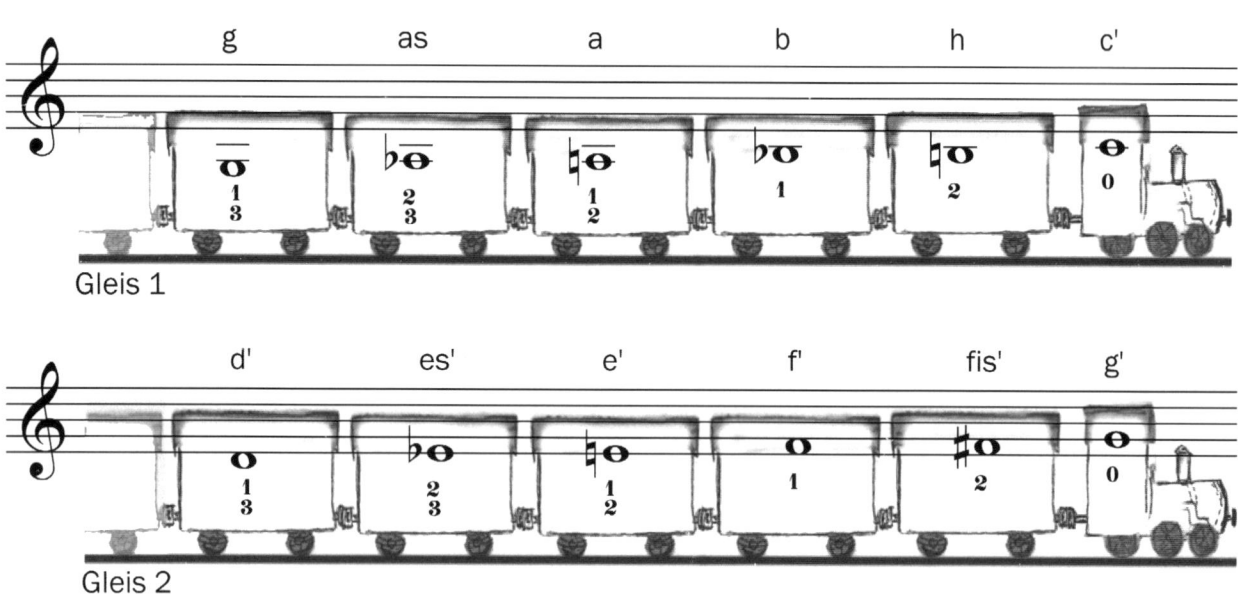

Abschiedsmusik am Bahnhof

Bernhard Schumacher

Der Ton g'

Mit den Tönen, die wir bisher gelernt haben, können wir schon viele Lieder spielen. Wir achten dabei auf guten, klaren Klang besonders bei den tiefen Tönen. Die tiefe Lage (Gleis 1) ist das Fundament für die mittlere und für die hohe Lage der Trompete (Gleis 2, 3 usw.).

Notensammlung

Schreibe über jede schon gelernte Note ihren Namen! Fis und cis' mit Griff 1/2/3 werden wir bald näher kennen lernen.

Hänschen klein ging allein   CD 64

Kinderlied

Häns - chen klein ging al - lein in die wei - te Welt hin - ein,
Stock und Hut steht ihm gut, ist gar wohl - ge - mut.
A - ber Ma - ma weint so sehr, hat ja nun kein Häns - chen mehr.
Da be - sinnt sich das Kind: Läuft nach Haus ge - schwind.

TROMPETENSCHULE *für Kinder* **Band 1**

Fermate 𝄐
Die Fermate ist ein Aushaltezeichen, das anzeigt, dass der ursprüngliche Notenwert bis zu seinem doppelten Wert verlängert wird.

Kommt und lasst uns tanzen, springen (Kanon) — Melodie aus Italien, 13. Jahrhundert

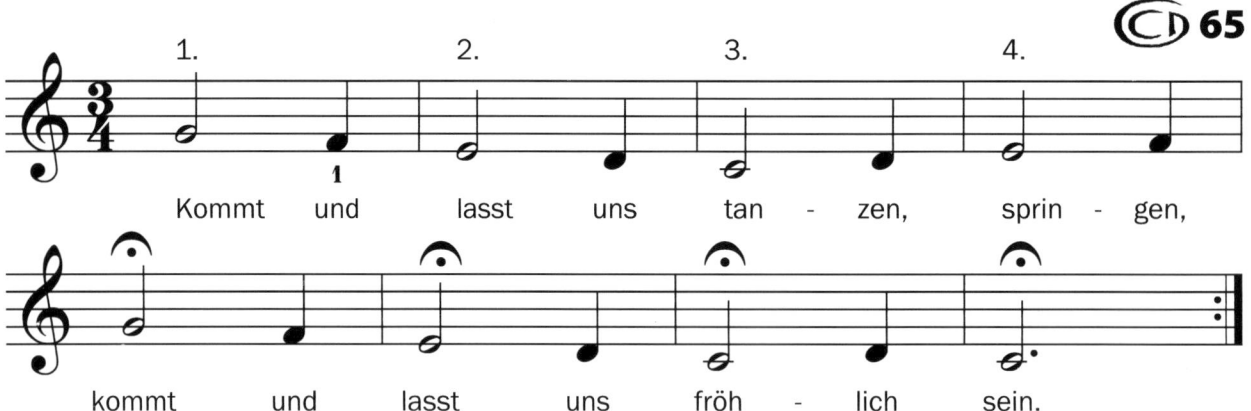

Viel Glück und viel Segen (Kanon) — Geburtstagslied

Die Zahlen (1. 2. 3. 4.) zeigen im Kanon die Einsätze, die Fermatezeichen (𝄐) die Schlusstöne an.

Summ, summ, summ — Kinderlied

TROMPETENSCHULE *für Kinder* Band 1

Rechnen mit Notenwerten

Wenn eine Viertelnote 1.- EUR kostet und eine Achtelnote 50 ct, wieviel kostet dann eine Punktierte Viertelnote?

....

Wenn eine Punktierte Viertelnote 1,50 EUR kostet und eine Achtelnote 50 ct, wieviel kostet dann eine Halbe Note?

....

Immer wieder neue Lieder  69

Bernhard Schumacher

Im - mer wie - der neu - e Lie - der

singt der Ka - ter na - mens Pitt,

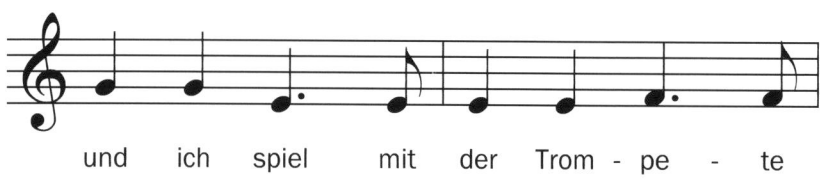
und ich spiel mit der Trom - pe - te

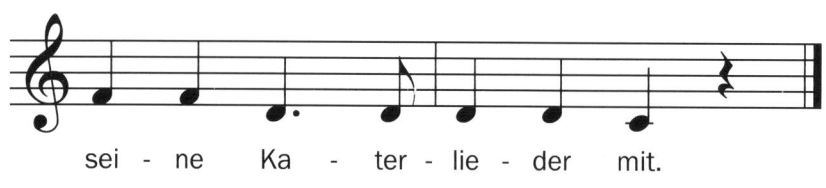
sei - ne Ka - ter - lie - der mit.

Der Punkt hinter einer Note verlängert diese um die Hälfte ihres Wertes.

*Zusätzliche Spielstücke findest du in **DAS SPIELBUCH** für Trompete, Flügelhorn und Kornett (ISBN 978-3-943638-80-6) auf den Seiten 18 bis 22.*

Die Töne cis' und fis

Ventil 1, 2 und 3 zugleich – die Töne cis' und fis

Der Ton cis'  70

... klingt einen Halbtonschritt tiefer als d'. Spiele ihn mit dem Griff 1/2/3 auf Gleis 2.

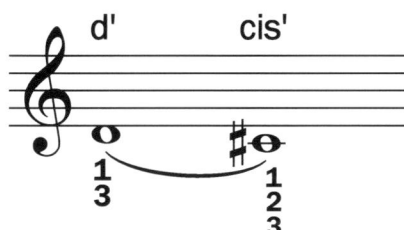

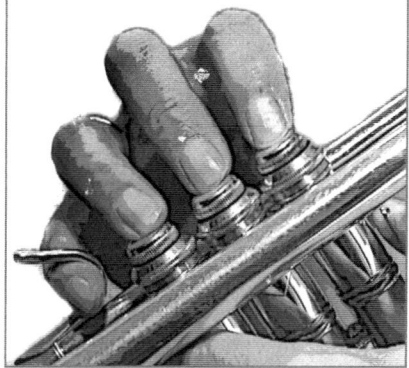

Der Ton fis  71

... klingt einen Halbtonschritt tiefer als g. Spiele ihn mit dem Griff 1/2/3 auf Gleis 1.

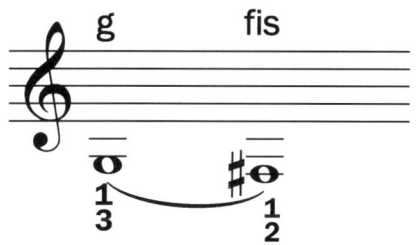

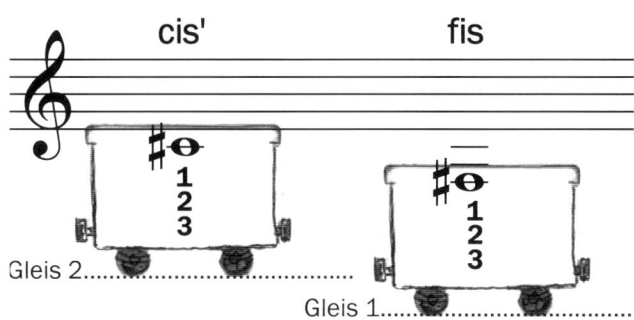

Das „kleine fis" braucht etwas Übung, bis es glatt und kräftig klingt. Es ist der tiefste Ton der Trompete.

Den Abstand zwischen Gleis 1 und Gleis 2 hast du inzwischen schon gut im Ohr. Er ist bei allen Griffen gleich.

Oasensong Nr. 7 mit fis und cis'

Bernhard Schumacher

Hal - lo Leu - te, hört mal her, was ich heu - te

bla - se: Cis, cis, cis, fis, fis, fis!

tönt's in der O - a - se.

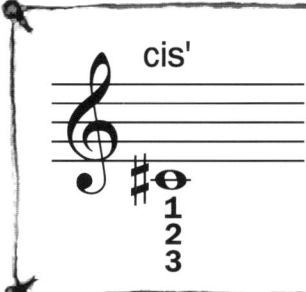

Die Note **cis'** („cis eins") steht im Notensystem auf der ersten unteren Hilfslinie. Sie unterscheidet sich vom c' durch das Vorzeichen ♯.
Griff 1/2/3, Gleis 2.

TROMPETENSCHULE *für Kinder* **Band 1**

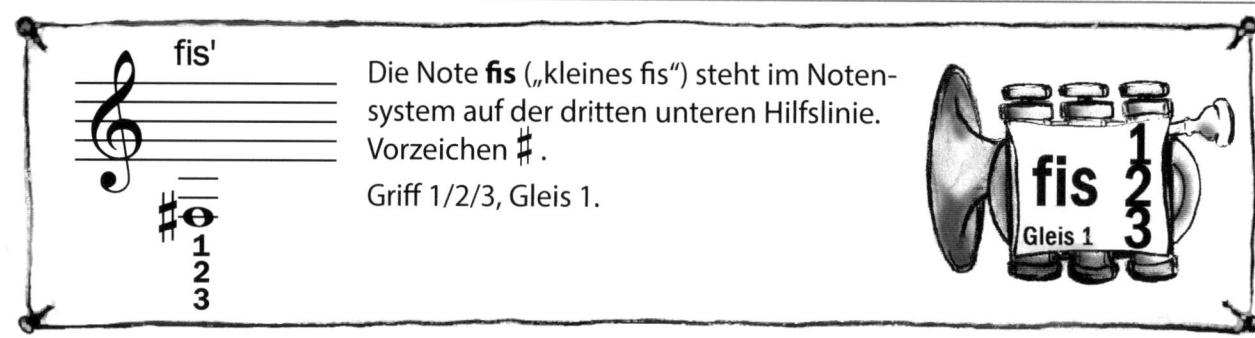

Die Note **fis** („kleines fis") steht im Notensystem auf der dritten unteren Hilfslinie. Vorzeichen ♯.

Griff 1/2/3, Gleis 1.

Komm mit nach Afrika   CD 72

Bernhard Schumacher

Komm mit, komm mit nach A - fri - ka, die ma - chen pri - ma Mu - sik da.

Sieben Griffe, vierzehn Töne

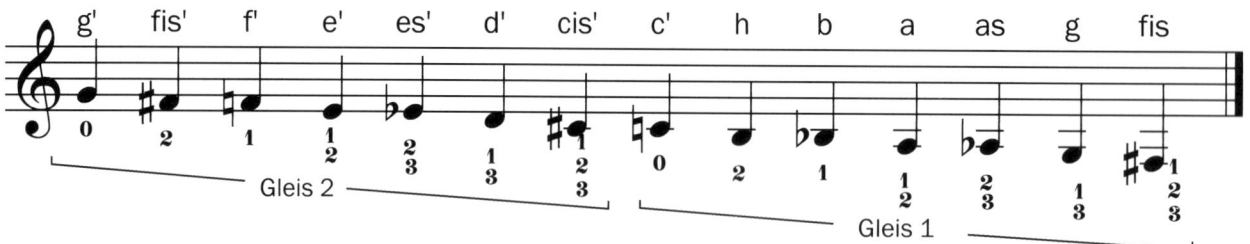

Lerne die Reihenfolge der Griffe auswendig, spiele die ganze Reihe vorwärts und rückwärts.

Sieben Griffe, sieben Quinten

Bernhard Schumacher

✏️ **Trage hier alle Notennamen ein!** Spiele gestoßen und gebunden; vorwärts und rückwärts.

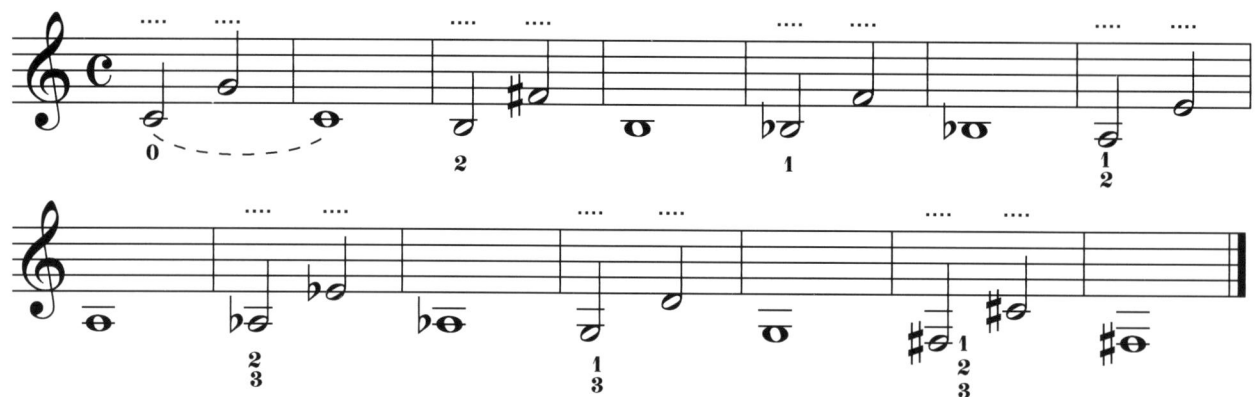

Der Abstand zwischen den Tönen auf Gleis 1 und Gleis 2 ist bei gleichen Griffen immer derselbe, nämlich fünf Stufen der Tonleiter. Dieser Abstand von fünf Tönen heißt in der Musik **„Quinte"**, denn Quintus heißt auf lateinisch „der fünfte".

Spiele alle Quinten klar und deutlich.

Die Töne cis' und fis

Bluebird, Bluebird   CD 73   amerikanisches Tanzlied

Blue-bird, blue-bird in the tree, Blue-bird, blue-bird in the tree,
Blue-bird, blue-bird in the tree, Sing a song for me.
Sing a litt-le song all day long, Sing a litt-le song all day long,
Sing a litt-le song all day long, Sing a song for me.

Hier gibt es **Sechzehntelnoten:**
Sie haben einen Hals und zwei Fähnchen oder zwei Balken und gehen doppelt so schnell wie Achtelnoten.

Wie viele Sechzehntelnoten ergeben eine Halbe Note? _____

Wie viele eine Ganze Note? _____

Die Musikantenwoche (Kanon)   CD 74   Bernhard Schumacher

1. Sie-ben Ta-ge o-der a-ber acht, sie-ben Ta-ge o-der a-ber acht,
2.
3. sie-ben Ta-ge o-der a-ber acht wird Mu-sik ge-macht, wird Mu-sik ge-macht.
4.

Die Töne cis' und fis

Tanz rüber, tanz nüber CD 77

Tanzlied aus Franken

Tanz rü-ber, tanz, nü-ber, tanz nauf und tanz no. Ei
leih mir dei Schät-zel, das mei is nit do. I
leih' dir sie nit, i gib sie dir nit. Kan'
so-na Schma-rot-zer, den brauch i jo nit.

Die G-Dur Tonleiter

Ein einzelnes Kreuz am Anfang der Notenzeile erhöht jedes f zu fis.

Beachte, wie die Griffe sich wiederholen!

Die beiden Hälften (Tetrachorde) einer Dur-Tonleiter haben den gleichen Bauplan.

Spiele diese Übungen gleichmäßig zuerst langsam, dann nach und nach auch schneller.
Tonleitern gehören zu den Grundelementen aller Musik, sie sind Musik. Spiele sie daher nicht nebenbei, sondern immer wach- und aufmerksam mit klarem, sauberem Ton.

Acht fröhliche Lieder zum Schluss von Band 1

Die Vogelhochzeit CD 78
Volkslied

Zwei Vö-gel woll-ten Hoch-zeit hal-ten in dem grü-nen Wal - de.
Fi-di-ral-la-la, fi-di-ral-la-la, fi-di-ral - la - la - la - la.

Der Butzemann CD 79
Altes Kinderlied

Es tanzt ein Bi-ba-but-ze-mann in un-serm Haus her-um, bi-di-bumm,
es tanzt ein Bi-ba-but-ze-mann in un-serm Haus her-um.
Er rüt-telt sich, er schüt-telt sich, er wirft sein Säck-lein hin-ter sich.
Es tanzt ein Bi-ba-but-ze-mann in un-serm Haus her-um.

Lass das tiefe g hier immer besonders voll und deutlich klingen!

TROMPETENSCHULE *für Kinder* Band 1

Spannenlanger Hansel, nudeldicke Dirn   CD 80   Kinderlied

Span - nen - lan - ger Han - sel, nu - del - dik - ke Dirn.

Gehn wir in den Gar - ten, schüt - teln wir die Birn.

Schüt - tel ich die gro - ßen, schüt - telst du die klein',

wenn das Sak - kerl voll ist, gehn wir wie - der heim.

Der Kuckuck und der Esel   CD 81   Kinderlied

Der Kuk - kuck und der E - sel, die hat - ten ei - nen Streit, wer

wohl am be - sten sän - ge, wer wohl am be - sten sän - ge zur

schö - nen Mai - en - zeit, zur schö - nen Mai - en - zeit.

Die Note a' (Griff 1/2) in der letzten Zeile kommt eigentlich erst im zweiten Band vor, aber sollen wir deshalb dieses hübsche Lied einfach weglassen?

Mit deinem erworbenen Wissen und Können kannst du viele weitere, schöne Lieder und Spielstücke aus dem SPIELBUCH für Trompete, Flügelhorn und Kornett (ISBN 978-3-943638-80-6) spielen wie z.B. **Auf der Mauer, auf der Lauer** (S. 31), **Hänsel und Gretel** (S. 32), **Cowboy Bill** (S. 33), **Good Night Ladies** (S. 46) u.a.

Die Trompeten-Grifftabelle

Grifftabelle

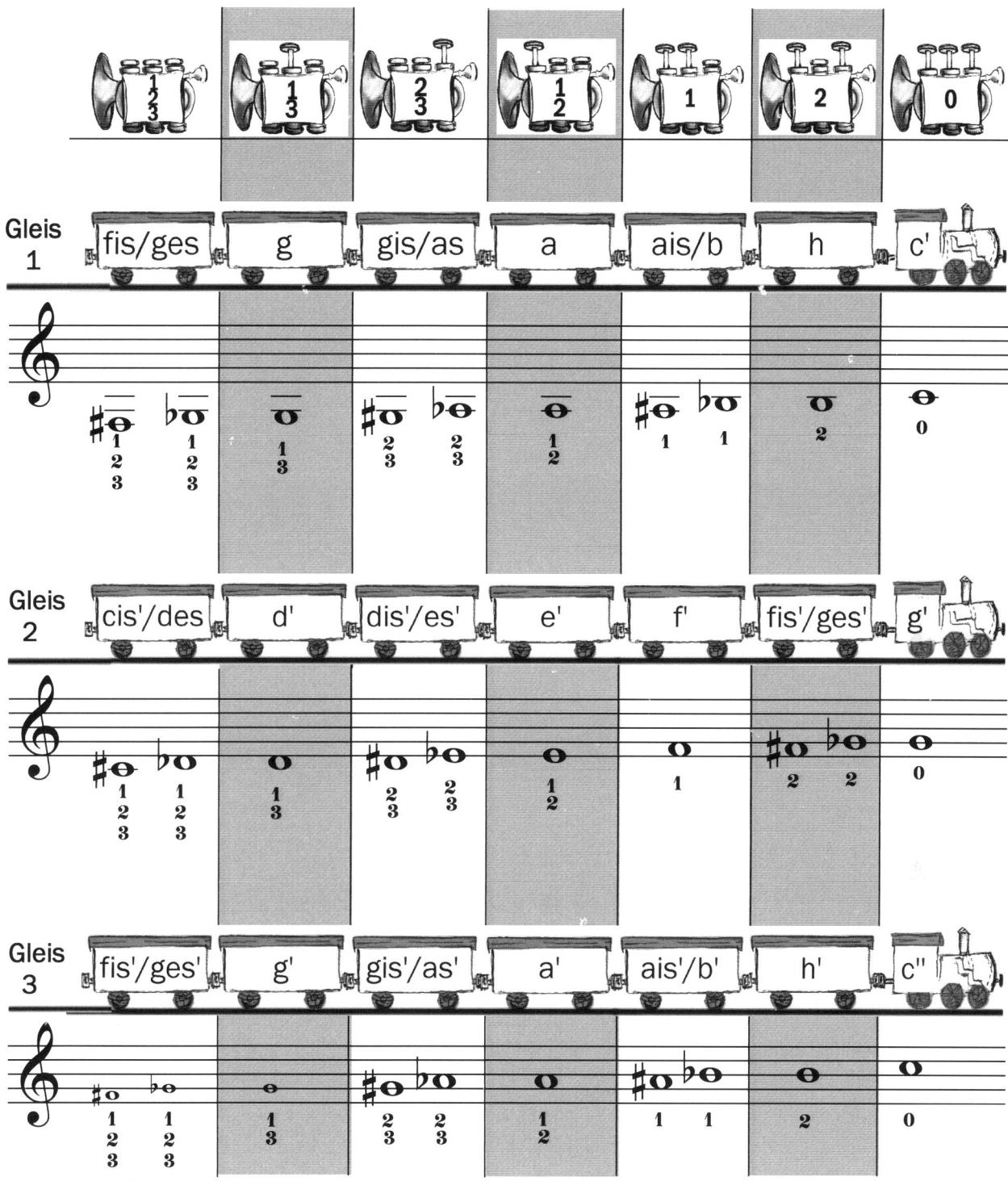

... besser auf Gleis 2 ...

In dieser Grifftabelle stehen Noten, die gleich gegriffen werden, untereinander.

Einige hier aufgeführte Noten kommen in Band 1 noch nicht vor. Wir wollen sie und viele weitere in Band 2 kennen lernen.

Auf der Trompete können mithilfe der Ventile je sieben Halbtöne von jedem Naturton (Griff 0) abwärts gespielt werden. Das reicht gerade aus, um den Abstand zwischen Gleis 1 und Gleis 2 (Quinte) auszufüllen. Der Abstand zwischen Gleis 2 und Gleis 3 (Quarte) ist kleiner, deswegen überschneiden sich Gleis 2 und Gleis 3 um zwei Halbtonschritte (Griffe 1/3 und 1/2/3).

TROMPETENSCHULE *für Kinder* **Band 1**

Aufbau und Bestandteile der Trompete

Sieht dein Instrument so aus wie die unten abgebildete Jazztrompete, oder hast du eine Konzerttrompete mit Drehventilen, ein Kornett oder ein Flügelhorn? Sie alle sind ähnlich aufgebaut, und sicher wirst du die einzelnen Teile sofort erkennen.

Nach dem **Mundstück** kommt als erstes das **Mundrohr**. Achte nach dem Spielen darauf, dass keine Wassertropfen mehr darin sind. Am besten pustest du bei abgenommenem Mundstück und Hauptstimmzug einmal kräftig hindurch.

Der **Hauptstimmzug** dient zur Feinabstimmung des Instruments, besonders wenn du mit anderen zusammen spielen möchtest. Halte ihn immer beweglich, indem du seine beiden Schäfte gelegentlich mit einem Tuch abwischst und frisch fettest.

Die **Wasserklappe** dient zum schnellen Herauslassen des Kondenswassers.

Die drei **Ventile** der Trompete verlängern den Weg der Luft und damit der Schallwellen in deinem Instrument: Die drei **Ventilzüge** müssen wie der Hauptstimmzug gelegentlich herausgezogen, gesäubert und gefettet werden.

Die B-Trompete hat vom Mundstück bis zum Schallbecher eine Rohrlänge von etwa 130 cm. Mithilfe der Ventile wird das Rohr verlängert und der Grundton erniedrigt; und zwar verlängert das 2. Ventil um das Maß eines Halbtonschritts, das 1. Ventil um einen Ganztonschritt und das 3. Ventil um eineinhalb Tonschritte. Es gibt sieben verschiedene sinnvolle Ventilkombinationen, die du bald alle beherrschen wirst.

Das **Endrohr** und der **Schallbecher** sind entscheidend für die Klangfarbe deines Instrumentes. Hier werden die Impulse verstärkt, die du ins Mundstück hineingibst.

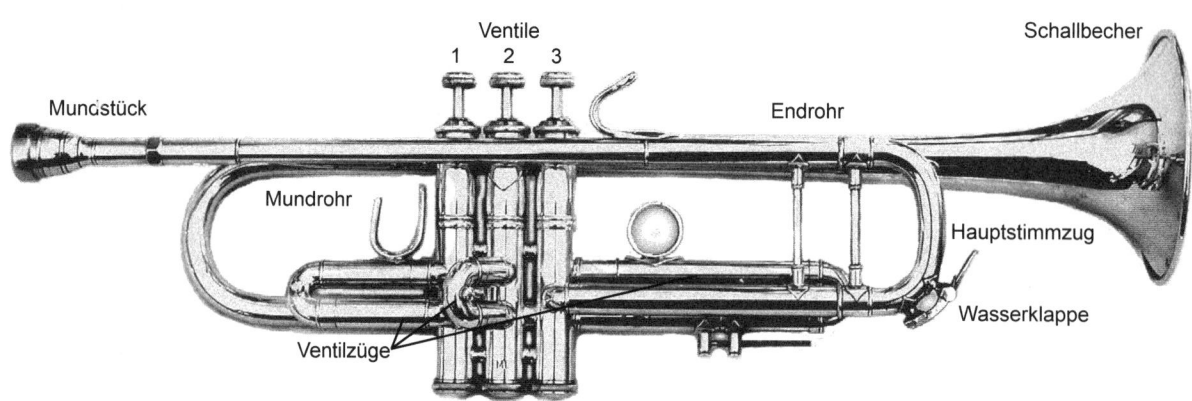

Anmerkung: Die allermeisten Trompeten, Kornette und Flügelhörner sind B-Instrumente, das heißt, dass ihr Grundton „C" in Wirklichkeit ein „klingendes B" ist. Das merkst du sofort, wenn du mit einem Klavier, einer Flöte oder Geige zusammen musizieren möchtest, denn dann muss der andere alles einen Ganzonschritt tiefer spielen, als es für die Trompete aufgeschrieben ist. Es sei denn, ihr hättet Noten, bei denen die Trompetenstimme und die Klavierbegleitung getrennt gedruckt sind. Oder – und das werden wir im zweiten Band lernen – du spielst auf der Trompete bei Bedarf alles einen Ton höher als sonst. Das nennt man „Transponieren" – „in eine andere Tonlage versetzen". Alle B-Instrumente werden deshalb auch „transponierende Instrumente" genannt.

Trompetenformen

Es gibt verschiedene Formen von Trompeten. Die bei uns gebräuchlichste ist die sogenannte **Jazztrompete** mit Pumpventilen (Perinetventilen). Sie ist meistens schmal und lang gebaut mit einem hohen Anteil zylindrischer Rohrabschnitte (=======). Ihr Klang ist schärfer und direkter als der Klang der **Konzerttrompete** mit Drehventilen, deren Klang etwas weicher ist, weil sie mehr konische Rohrabschnitte (◁====▷) aufweist.

Das **Kornett** klingt weniger scharf als die Trompete, sein Rohr weitet sich konisch vom Mundrohr an.

Ein weiterer Verwandter der Trompete ist das **Flügelhorn**. Bei ihm fällt der weite konische Verlauf des Schallstücks auf, sein Klang ist wesentlich voller und zugleich weicher als der Trompetenklang. In der Abbildung unten siehst du ein alpenländisches Flügelhorn mit Drehventilen, es gibt noch verschiedene andere Bauweisen von Flügelhörnern wie das alte Kuhlohorn und das moderne Flügelhorn mit Pumpventilen. Schau dir die Vielfalt der Blechblasinstrumente einmal in einem Katalog oder – besser – in einem guten Musikgeschäft aus der Nähe an. Nutze jede Gelegenheit, andere Instrumente kennen zu lernen und möglichst auch selbst einmal zu spielen.

Jazztrompete

Konzerttrompete

Kornett

Flügelhorn

Pflege und Reinigung der Trompete

Außenreinigung

Lackierte Instrumente werden mit einem weichen Lappen gelegentlich abgewischt und poliert, es gibt auch spezielle Reinigungsmittel, die den Lack schonen und beim Entfernen stärkerer Flecken helfen. Versilberte Trompeten erhalten ihren Glanz ebenfalls durch Polieren mit einem weichen Lappen und bei hartnäckigen Flecken mit einem Silberputztuch oder einem Silberputzmittel aus der Tube oder Flasche.

Nicht lackierte Instrumente werden von Zeit zu Zeit – jedenfalls vor öffentlichen Auftritten – mit einem geeigneten Messingputzmittel aus der Tube oder aus der Flasche blitzblank poliert. Man sollte darauf achten, dass in den Ritzen und Winkeln zwischen den Ventilen kein Reinigungsmittel hängen bleibt.

Innenreinigung

Während des Spielens macht sich Kondenswasser (Spucke ist nur sehr wenig dabei) im Instrument durch Blubbern bemerkbar; dafür gibt es die Wasserklappen am Hauptstimmzug und am 3. Ventilstimmzug. Nach dem Spielen müssen wir das Kondenswasser ausgießen, dafür wird der Hauptstimmzug herausgenommen und ausgeleert.
Die Stimmzüge der Ventile werden ebenfalls herausgezogen und ausgeleert. Das Mundrohr wird nach dem Spielen kräftig ausgeblasen (Mundstück abnehmen, da dieses wegen der kleinen Öffnung nur relativ wenig Luft durchlassen würde).

Zur gründlichen Reinigung einer Trompete, etwa einmal im Vierteljahr, spült man sie mit warmem Wasser komplett aus. Dafür gibt es spezielle Adapter, mit denen die Trompete an einen Duschschlauch angeschlossen werden kann. Es geht aber auch gut unter dem Wasserhahn einer Dusche oder über einer Badewanne. Das warme Wasser lässt man in den Trichter laufen, bis es aus dem Mundrohr wieder herauskommt. Bei laufendem Wasser drückt man alle Ventile mehrmals, so dass etwaige Ablagerungen von dort ebenfalls herausgespült werden. Nach etwa einer halben Minute kann man das Wasser abdrehen und ein paar Tropfen Geschirrspülmittel in den Trichter der Trompete geben. Etwas schütteln und einziehen lassen, dann mit warmem Wasser weiter gründlich ausspülen.

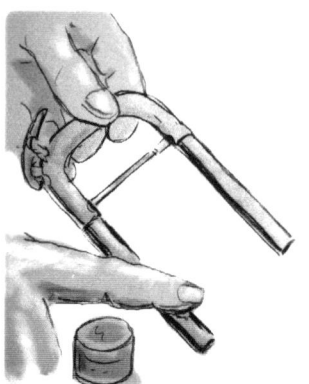

Das Mundrohr der Trompete ist für Schmutz besonders empfänglich; zum Reinigen empfiehlt sich eine schmale Flaschenbürste (nach dem Bürsten nochmals gut durchspülen!).

Es gibt im Fachhandel auch kleine Bürsten an langen Spiralen, mit denen man die Rohre der Blechinstrumente auswischen kann, dies ist vor allem bei Waldhörnern mit ihren langen gewundenen Rohren sinnvoll.

Nach dem Spülen nehme ich alle Ventilzüge heraus, schüttle und blase sie aus, wische sie mit einem Lappen ab und gebe etwas „Korkfett" auf die Züge.

Viele Werkstätten bieten Ultraschall-Reinigung an. Dazu werden die Instrumente völlig zerlegt und in einer Wanne mit einer speziellen Flüssigkeit Ultraschallwellen ausgesetzt. Dadurch werden auch alte, festsitzende Schmutzpartikel gelöst.

Pflege und Reinigung

Säubern und Ölen der Ventile

Perinetventile

Perinetventile (Druckventile) müssen, wenn sie einmal nicht mehr leicht laufen, ausgebaut, gereinigt und frisch geölt werden. Hierbei müssen wir genau darauf achten, auf welche Weise die einzelnen Ventile in ihren Zylindern im richtigen Winkel gehalten werden und sie später wieder richtig einbauen, sonst können die Ventile nicht ihren Zweck erfüllen, und die Trompete lässt keine Luft und keinen Ton durch.

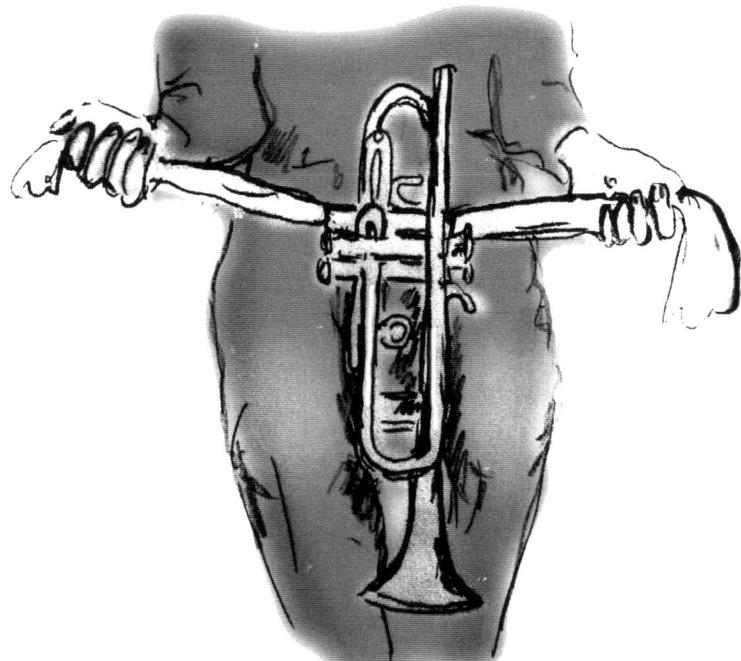

Zum Reinigen des Ventilzylinders nehmen wir am besten ein fusselfreies Tuch, fädeln es ein, evtl. mithilfe eines Stabes (z.B. Bleistift), und ziehen das Tuch mehrmals hin und her.

Achte bei diesen Arbeiten bitte besonders darauf, dass kein Staub oder gar Sand ins Spiel kommt. Die Ventile müssen sich ganz leicht drücken lassen und von selbst zurück gleiten.

Den ausgebauten Ventilkolben reiben wir mit einem nicht fusselnden Tuch gründlich sauber, ...

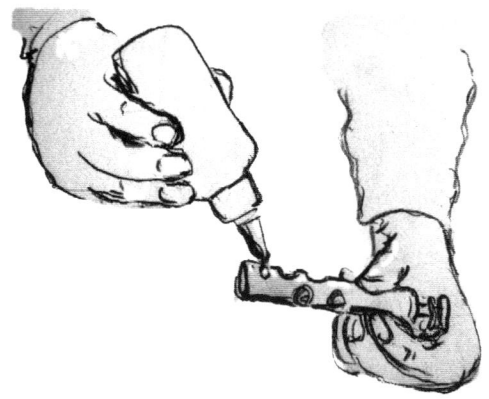

... bevor wir ihn mit Ventilöl für Perinetventile ölen und schließlich wieder behutsam an seinen Platz einsetzen. Vorsicht! Nicht verkanten, es gibt sonst leicht Kratzer und Dellen.

Drehventile

Drehventile sollten nur vom Fachmann ausgebaut werden, falls sie einmal klemmen. Nachdem wir die Trompete, wie oben beschrieben, mit warmem Wasser durchgespült haben, ist es gut, wenn wir ein paar Tropfen besonders dünnflüssiges Spezialöl auf die inneren, sich drehenden Teile der Drehventile träufeln (dazu die Ventilstimmzüge herausziehen). Achslager und Gelenke erhalten je einen Tropfen Nähmaschinenöl.

Die wichtigsten musikalischen Zeichen und Begriffe

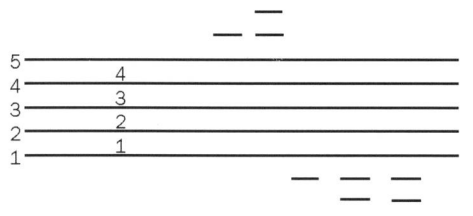

Notensystem
Ein Notensystem besteht aus *fünf* Notenlinien und *vier* Zwischenräumen. Für höhere und tiefere Töne werden *Hilfslinien* verwendet.

Notenschlüssel
Der Notenschlüssel für Trompeten heißt *G-Schlüssel*, auch *Violinschlüssel*. Er hat sich aus dem Buchstaben G entwickelt, sein „Bauch" umschließt die Note g'.

Noten
sind Symbole, die anzeigen, wie *lang* und wie *hoch* die Töne klingen sollen, für die sie stehen. Noten bestehen aus Notenkopf, Notenhals und Fähnchen (für einzelne Noten) bzw. Balken (für verbundene Noten).

Notenwerte

Ganze Note
    Halbe Note
        Viertelnote
            Achtelnote
                Sechzehntelnote
                    Zweiunddreißigstelnote

Punktierte Noten:
Der Punkt hinter einer Note verlängert diese um die Hälfte ihres Wertes.

Die **Pausenwerte** entsprechen den Notenwerten.

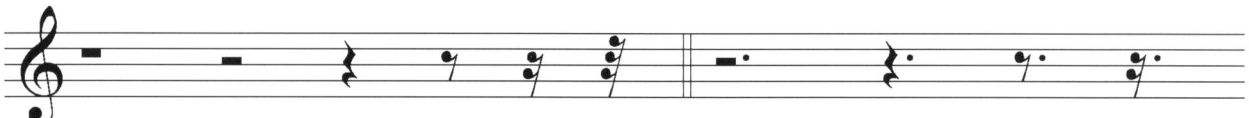

Ganze Pause
    Halbe Pause
        Viertelpause
            Achtelpause
                Sechzehntelpause
                    Zweiunddreißigstelpause

Punktierte Pausen:
Der Punkt hinter einer Pause verlängert diese um die Hälfte ihres Wertes.

Musikalische Zeichen und Begriffe

Vorzeichen

Vorzeichen erhöhen oder erniedrigen die Noten, vor denen sie stehen. Am Anfang einer Notenzeile gelten sie für die ganze Zeile, und zwar für alle Noten mit dem gleichen Namen.

Ein Vorzeichen bei einer einzelnen Note gilt nur bis zum folgenden Taktstrich.

Kreuz-Vorzeichen (♯)

Ein Kreuz ♯ vor einer Note *erhöht* diese um einen Halbtonschritt. An den Namen der Note wird die Silbe is angehängt: Aus c wird cis, aus d wird dis, aus e wir eis, aus f wird fis, aus g wird gis, aus a wird ais, aus h wird his.

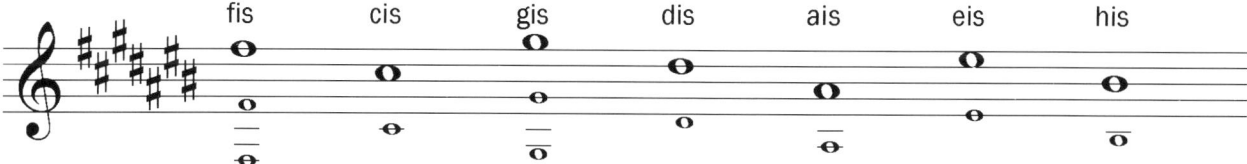

Be-Vorzeichen (♭)

Ein Be ♭ vor einer Note *erniedrigt* diese um einen Halbtonschritt. An den Namen der Note wird die Silbe es angehängt, Ausnahmen sind b, es und as: Aus c wird ces, aus d wird des, aus e wir es, aus f wird fes, aus g wird ges, aus a wird as, aus h wird b.

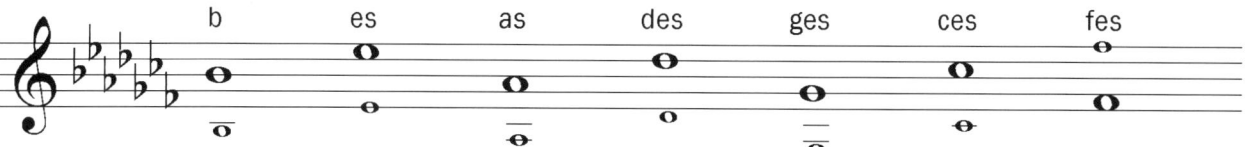

Auflösungszeichen (♮)

Ein Auflösungszeichen ♮ vor einer Note löst ihr vorhergehendes Vorzeichen wieder auf.

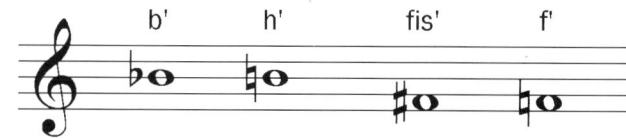

Taktangaben

Taktangaben zeigen an, wie viele Noten des angegebenen Wertes auf einen Takt kommen. Taktarten werden durch Brüche bezeichnet: Der Zähler gibt die Anzahl, der Nenner den Wert der zu einem Takt zusammengeschlossenen Noten an. Takte werden durch Taktstriche von einander getrennt.

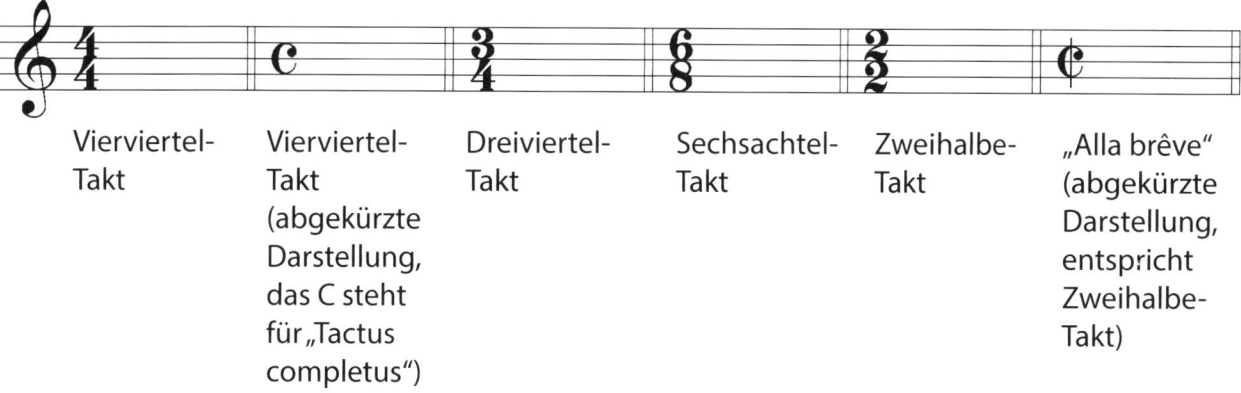

Vierviertel-Takt

Vierviertel-Takt (abgekürzte Darstellung, das C steht für „Tactus completus")

Dreiviertel-Takt

Sechsachtel-Takt

Zweihalbe-Takt

„Alla brève" (abgekürzte Darstellung, entspricht Zweihalbe-Takt)

Bindebogen und Haltebogen

Bindebögen und Haltebögen haben sehr ähnliche Bedeutung. Nur die erste der mit Bogen verbundenen Noten wird angestoßen, die folgenden bis zum Ende des Bogens werden ohne neuen Zungenstoß angebunden.

Ein *Bindebogen* verbindet zwei oder mehr *verschiedene* Noten mit einander.
Ein *Haltebogen* verbindet zwei *gleiche* Noten mit einander, dies ist häufig über einen Taktstrich hinweg der Fall. Die Notenwerte werden einfach addiert. Ein Vorzeichen wird gegebenenfalls durch einen Haltebogen für die angebundene Note (des folgenden Taktes) übernommen.

Wiederholungen

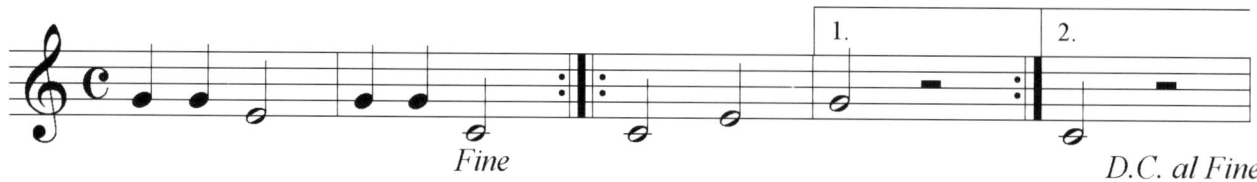

Das erste Wiederholungszeichen in einem Stück verlangt eine Wiederholung vom Beginn an.
Teile eines Stückes, die wiederholt werden sollen, stehen zwischen Wiederholungszeichen.
„Haus" 1 wird bei der Wiederholung übersprungen, stattdessen wird „Haus" 2 gespielt.
D.C. al Fine steht für italienisch „Da Capo al Fine" und heißt „Von Anfang bis Ende".
Fine heißt auf italienisch „Ende", nach der Wiederholung von vorne endet das Stück hier.

Vortragsangaben

Vortragsangaben zeigen an, wie bestimmte Töne oder Gruppen von Tönen gespielt werden sollen.

Es gibt noch viele weitere musikalische Zeichen und Begriffe. Hier sind nur die wichtigsten angegeben, die in der „Trompetenschule für Kinder" bis Band 2 vorkommen. Schaue in deinem Musikbuch oder in einem Musiklexikon nach weiteren Abkürzungen, Zeichen und Vortragsangaben.

Übungszeitenkonto

Übungszeitenkonto von _____

Kinder unter 12 Jahren spielen täglich etwa 20 Minuten (min. 100 Minuten pro Woche), über 12 Jahren täglich 30 Minuten (min. 150 Minuten pro Woche)

Datum der Stunde	Aufgaben	Übungszeit		Minuten/ Woche
		Montag		
		Dienstag		
		Mittwoch		
		Donnerstag		
		Freitag		
		Samstag		
		Sonntag		
		Montag		
		Dienstag		
		Mittwoch		
		Donnerstag		
		Freitag		
		Samstag		
		Sonntag		
		Montag		
		Dienstag		
		Mittwoch		
		Donnerstag		
		Freitag		
		Samstag		
		Sonntag		
		Montag		
		Dienstag		
		Mittwoch		
		Donnerstag		
		Freitag		
		Samstag		
		Sonntag		
		Montag		
		Dienstag		
		Mittwoch		
		Donnerstag		
		Freitag		
		Samstag		
		Sonntag		
		Montag		
		Dienstag		
		Mittwoch		
		Donnerstag		
		Freitag		
		Samstag		
		Sonntag		

Trage für jeden Wochentag ein, wieviele Minuten Du geübt hast, zähle dann zusammen.
Bedenke, dass jede Minute, in der du mit Freude Musik gemacht hast, ein Gewinn für dein ganzes Leben ist, ein Schatz, den dir niemand mehr wegnehmen kann.

TROMPETENSCHULE *für Kinder* **Band 1**

Datum der Stunde	Aufgaben	Übungszeit		Minuten/ Woche
		Montag		
		Dienstag		
		Mittwoch		
		Donnerstag		
		Freitag		
		Samstag		
		Sonntag		
		Montag		
		Dienstag		
		Mittwoch		
		Donnerstag		
		Freitag		
		Samstag		
		Sonntag		
		Montag		
		Dienstag		
		Mittwoch		
		Donnerstag		
		Freitag		
		Samstag		
		Sonntag		
		Montag		
		Dienstag		
		Mittwoch		
		Donnerstag		
		Freitag		
		Samstag		
		Sonntag		
		Montag		
		Dienstag		
		Mittwoch		
		Donnerstag		
		Freitag		
		Samstag		
		Sonntag		
		Montag		
		Dienstag		
		Mittwoch		
		Donnerstag		
		Freitag		
		Samstag		
		Sonntag		
		Montag		
		Dienstag		
		Mittwoch		
		Donnerstag		
		Freitag		
		Samstag		
		Sonntag		
	Spiele und übe so oft wie möglich mit anderen zusammen. *Der kluge Musiker lernt dabei immer etwas dazu, sowohl von den Stärkeren als auch von den Schwächeren.* *Wie viele Minuten hast du seit Beginn dieses Blattes durchschnittlich pro Woche geübt?*			

Dank

Herzlichen Glückwunsch,

Du hast es geschafft! Du beherrschst jetzt schon eine Menge von Tönen auf der Trompete, hast viele schöne Melodien attraktiver Lieder kennengelernt, weißt, was die Vorzeichen bedeuten, und kannst bereits viele Notenwerte von einander unterscheiden.

Zur Belohnung darfst du dir die *Urkunde* auf der folgenden Seite 80 von deinem Lehrer unterschreiben lassen. Bewahre sie gut auf oder besser:

Hänge sie an die Wand in deinem Zimmer, damit du sie stets vor Augen hast.

Und nun? Ran an Band 2 der **TROMPETENSCHULE** *für Kinder*!

Danke!

Ich möchte mich noch bei einigen lieben Menschen bedanken, die mich in meiner Arbeit an Band 1 der **TROMPETENSCHULE** *für Kinder* unterstützt haben.

Vor allem möchte ich meinen Schülerinnen und Schülern danken. Bei nichts und niemandem habe ich so viel über das Musikmachen und das Unterrichten gelernt wie in der praktischen täglichen Arbeit mit den Kindern.
Sie waren es, die alle Stücke und Lieder dieses Buches auf Herz und Nieren geprüft haben; was durchfiel, wurde nicht verwendet, umgekehrt hat ihre Fantasie die meine beflügelt. Ebenso wurden alle neuen Texte und Zeichnungen stets gründlich hinterfragt. Die Kinder waren bei der Erstellung dieser Trompetenschule nicht nur die natürliche Zielgruppe, sondern auch die wichtigsten Mitarbeiter. Danke!

Seit Jahren stellen mir der Sankt-Anna-Schulverbund in seinen Münchener Schulen und die Sankt Anna-Schwestern in Kochel Unterrichtsräume zur Verfügung. Für die Möglichkeit, in wohltuender Atmosphäre mit meinen Schülerinnen und Schülern zu arbeiten, bin ich sehr dankbar. Das gleiche gilt für die Günther-Krasnitzky-Schule in Walchensee.

Danken möchte ich auch den Musikerfreunden, Kolleginnen und Kollegen, vor allem Juliane und Christian Schneider, die meine Arbeit stets mit Anteilnahme begleitet haben und immer gern bereit waren, Fragen der Musikdidaktik und -Methodik zu erörtern, sowie Hermann Jaklitsch, der bei der Auswahl der verwendeten Lieder kritisch mitgeholfen hat.

Besonders danken möchte ich meinen beiden Grafikmentorinnen, Johanna Grassl und meiner Frau Marion Schumacher. Einige Zeichnungen habe ich wohl zehnmal geändert, bis beide erfahrenen Künstlerinnen und Pädagoginnen einverstanden waren.

Nicht zuletzt möchte ich Frau Dr. med. Annemarie Berkenheier danken (1919-2010), die sich im hohen Alter noch aktiv mit der Blechbläserei befasst und mich mit ihrem Humor und ihrer persönlichen Anteilnahme ständig begleitet und bestärkt hat.

Die jetzige Form mit vielen Verbesserungen und Erweiterungen verdankt die **TROMPETENSCHULE** *für Kinder* dem sachkundigen, ausdauernden und liebenswerten Verleger Thomas Petzold.

Zu großem Dank verpflichtet bin ich auch all meinen musizierenden Lehrern und Freunden, Georg Hillmann, Franz Fellnhofer und vielen anderen bis hin zu meinem Bruder Walter, der, als ich noch ein Kind war, jahrelang fast jeden Abend mit mir, seinem zehn Jahre jüngeren Bruder, Musik gemacht hat.

Bernhard Schumacher

TROMPETENSCHULE *für Kinder* **Band 1**

Urkunde

Name _____

hat **Band 1** der
TROMPETENSCHULE *für Kinder*

in _____ am _____

erfolgreich abgeschlossen.

Herzlichen Glückwunsch!

Viel Freude und Erfolg beim Weiterlernen mit deiner
TROMPETENSCHULE *für Kinder* **Band 2!**

_____
Unterschrift deines Lehrers